GOLF ETIKETTE

FALKEN GOLF PRAXIS

OLIVER
HEULER

GOLF·
ETIKETTE

Inhalt

Durch richtiges Auftreten und Verhalten werden Sie und Ihre Mitspieler noch mehr Spaß am Golf haben

Ein ganzes Buch nur über die Etikette des Golfspiels? Ja! Es gibt zwar schon einige Bücher zu den Golfregeln, zahlreiche Bücher über Strategie und Psychologie beim Golf sowie über die Technik. Ein ausführliches Buch über die Etikette – mit zusätzlichen Tips rund um das Spiel – gibt es aber noch nicht. Wozu denn auch, werden Sie fragen. Ob wir es wahrhaben wollen oder nicht: Eine Motivation des Spiels besteht auch darin, Anerkennung bei den Mitspielern zu finden. Ein guter Schlag vor vielen Zuschauern befriedigt mehr als ein gelungener Schlag, den niemand gesehen hat. Die meisten erfahrenen Mitspieler können Sie mit vorbildlicher Etikette jedoch genauso beeindrucken wie mit guten Schlägen.

Golf bildet zwar nicht unbedingt den Charakter – aber es offenbart ihn:

Zur Beurteilung eines Bewerbers um eine neue Arbeitsstelle würde sich eine gemeinsame Golfrunde oft besser eignen als ein ausführliches Vorstellungsgespräch. Eine Runde Golf kann sehr viel über einen Menschen aussagen. Werfen Sie Schläger und Bälle quer über den Platz, wenn Sie Enttäuschungen erleben? Schreiben Sie den Score ehrlich und unbestechlich auf? Spielen Sie aggressiv oder defensiv? Kennen Sie die Regeln? Erscheinen Sie rechtzeitig auf dem Golfplatz, um ausreichend Zeit zur Vorbereitung zu haben? Planen Sie Ihre Schläge? Macht Sie der Streß eines kurzen Putts sichtbar nervös?

EINLEITUNG

Ob bewußt oder nicht, Ihre Mitspieler machen sich ein Bild von Ihnen. Golf spielen und dabei völlig abzuschalten, ist ein Wunsch, der sich in der Praxis nicht verwirklichen läßt. Die Eindrücke, die Ihre Mitspieler über Sie sammeln – und umgekehrt –, werden auch nach der Runde in Erinnerung bleiben.

Die Etikette beschreibt, wie Golfspieler miteinander und mit dem Platz umzugehen haben. Im einzelnen verpflichtet sie zur:

▶ Beachtung der Sicherheit
▶ Rücksicht und Achtung der Rechte der anderen Spieler
▶ Schonung des Platzes

Beim Verstoß gegen die Etikette gibt es keine Strafschläge - die Strafe ist weitaus höher: eisige Blicke, verständnisloses Kopfschütteln oder im Extremfall sogar eine Platzsperre.

EMPFEHLUNGEN FÜR KLEIDUNG UND AUSRÜSTUNG

Trotz einiger Vorgaben bleibt bei der Wahl der Kleidung auf dem Golfplatz noch viel Raum für Individualität. Die Golfausrüstung sollte mit kompetenter Beratung und viel Sorgfalt zusammenge-stellt werden.

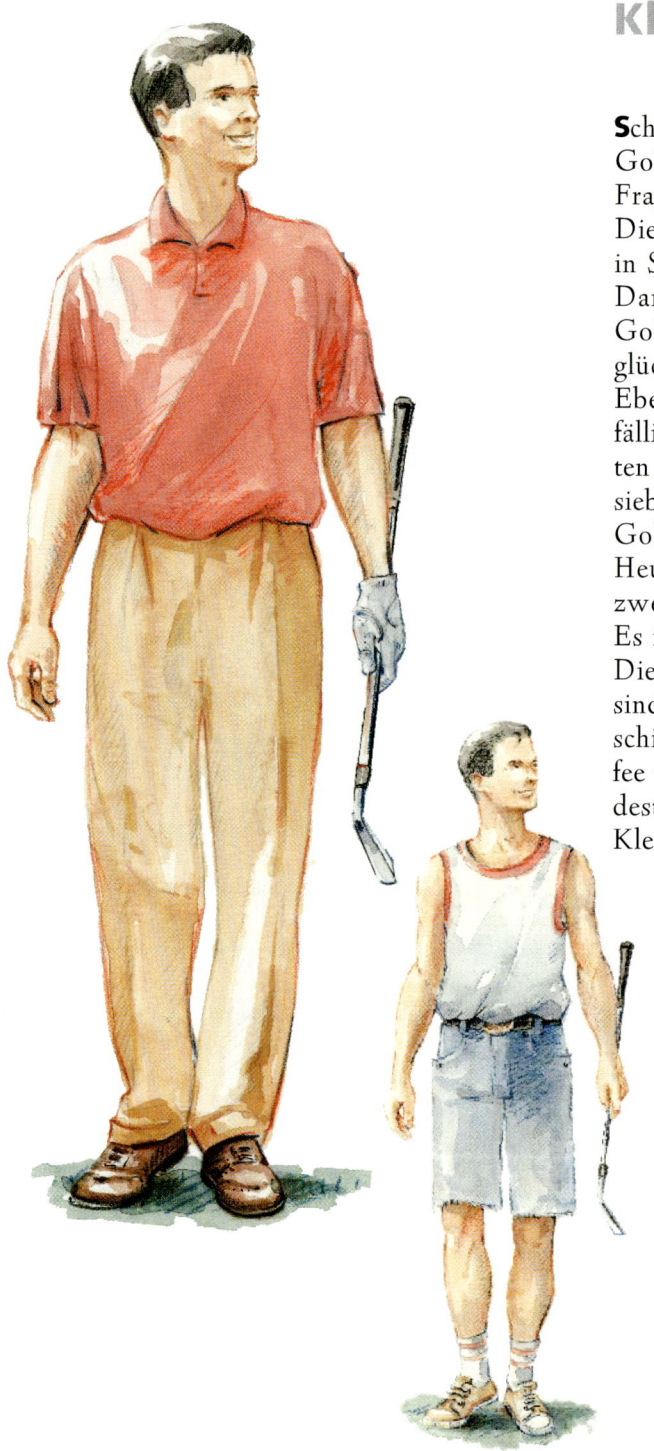

Kleidung

Schon vor dem Betreten des Golfplatzes stellt sich die Frage: „Was zieht man an?" Die Zeiten, in denen Herren in Sacco und Krawatte und Damen in langen Röcken Golf spielen mußten, sind glücklicherweise vorbei. Ebenfalls „out" sind die auffällig gestreiften oder karierten Hosen, wie sie in den siebziger Jahren auf den Golfplätzen getragen wurden. Heutzutage bevorzugt man zweckmäßige Bekleidung. Es ist aber nicht alles erlaubt. Die Kleidungsvorschriften sind von Club zu Club verschieden. Je höher das Greenfee und je älter der Club, desto strenger wird meist die Kleiderordnung ausgelegt.

Golfern in zerschlissenen Jeans und ärmellosen T-Shirts wird in jedem Fall der Zutritt zum Golfplatz verwehrt

Mit Bundfaltenhose, Polo-
hemd und Golfschuhen ist
man auf allen Plätzen völlig
adäquat gekleidet. An Stelle
von langen Hosen sind im
Sommer auch Bermudashorts
erlaubt, die im Ausland jedoch öfter mit Kniestrümpfen
kombiniert werden müssen.
Damen tragen Hosen, Bermudas oder knielange Röcke.

In Deutschland wird nie-
mandem, der Jeans trägt, der
Zutritt zum Golfplatz verwehrt; völlig ausgewaschene
oder geflickte Jeans werden
aber in keinem Fall akzeptiert.

Im Ausland ist das meist
anders: Außer auf öffentlichen
Plätzen sind Jeans fast nie
erlaubt.

Shorts, T-Shirts, schulter-
freie Tops und Jogging-Beklei-
dung werden auch in deut-
schen Clubs nicht geduldet.

*Bei Damen
sind Shorts
und schulter-
freie Tops auf
dem Golfplatz
gleichfalls nicht
die richtige
Bekleidung*

11

Zu eleganten Hosen trägt man am besten klassisch geschnittene Golfschuhe

Golfhandschuhe werden schnell unansehnlich, man sollte sie daher häufiger wechseln

Beim Golf wird das Hemd nie ausgezogen und bleibt selbst bei schweißtreibenden Temperaturen in der Hose.

Häufig kann man Golfspieler beobachten, die bei Regen ihre Hosenbeine in die Socken stecken. Das mag zwar die Hosen schonen, sieht aber nicht sehr vorteilhaft aus; auf der europäischen Tour wird dieser Verstoß gegen die Kleiderordnung sogar mit einer Geldstrafe geahndet.

Selbstverständlich zieht man sich nicht auf dem Parkplatz um, sondern in den clubeigenen Umkleideräumen. Das betrifft auch das Anziehen der Golfschuhe. Mit allen auf dem Markt erhältlichen **Golfschuhen** ist man gut gekleidet, wobei turnschuhartige Golfschuhe in Verbindung mit eleganten Hosen etwas merkwürdig aussehen.

Zu solchen Hosen trägt man am besten klassische Schuhe mit Ledersohlen. Die Spikes sollten nicht erst gewechselt werden, wenn sie völlig heruntergelaufen sind und sich nicht mehr herausdrehen lassen. Weiße Tennissocken, besonders in Verbindung mit dunklen Hosen und Schuhen, sind ein häufiger Fauxpas.

Handschuhe sollte man nicht so lange verwenden, bis sie einem Schweizer Käse gleichen. Helle Handschuhe wechselt man früher, weil sie sehr schnell unansehnlich aussehen.

Selbst bei Regen steckt man die Hosenbeine nicht in die Socken

Ausrüstung

Schläger

Für die ersten Stunden hat der Golflehrer Leihschläger in verschiedenen Ausführungen. Erst mit der Entwicklung des Schwungs stellt sich heraus, welche Art von Schläger man braucht.

Spieler, die den Ball sehr weit schlagen, brauchen andere Schläger als Spieler mit geringen Schlagweiten. Als Mitglied eines Clubs kauft man seine Schläger beim Club-Pro – er kennt Ihr Spiel am besten, und Sie unterstützen damit den Pro-Shop im eigenen Club. Der Pro-Shop wäre nämlich bei ausschließlichem Verkauf von Handschuhen, Bällen etc. nicht rentabel, müßte gegebenenfalls schließen, und Sie könnten Ihre Golfutensilien nicht mehr vor Ort und am Wochenende kaufen. Golfzubehör kann zwar im Golf-Shop eines Kaufhauses in der Stadt billiger sein, aber der Preisunterschied ist gering und die Beratung weniger qualifiziert.

Die Golfausrüstung sollten Sie im clubeigenen Pro-Shop kaufen. Hier werden Sie am besten beraten und Sie unterstützen den Betreiber

KLEIDUNG UND AUSRÜSTUNG

Golfschläger sollten indivi- duell angepaßt werden

Man unter- scheidet klassi- sche (o.) und spielverbes- sernde (u.) Schlägerköpfe

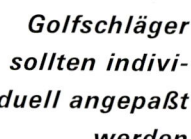

Hier sollen keine Hinweise gegeben werden, welcher Schläger für wen geeignet ist; es gibt beim Golf, was die Ausrüstung betrifft, jedoch einen wesentlichen Unterschied zu allen anderen Sportarten: Gute Spieler, die den Ball meist mit der richtigen Stelle, dem Sweet Spot treffen, können relativ einfach gebaute „klassische" Schläger spielen, die nicht sehr teuer sind. Weniger spielstarke Golfer brauchen vom Schläger jede mögliche Unterstützung. Solche Modelle sind in der Herstellung durch spielverbessernde Köpfe und Graphitschäfte aufwendiger und kosten entsprechend mehr. Es ist also kein Zeichen von übertriebenem Perfektionismus, wenn der Anfänger eine teurere Ausrüstung spielt als der Professional. Es gibt natürlich auch für Anfänger billigere Schläger-Sets, bei denen die Schläger dann nicht so gut aufeinander abgestimmt sind und günstigere Materialien verwendet werden.

Es ist nicht empfehlenswert, ein Set zu spielen, das aus verschiedenen Eisen-Modellen zusammengewürfelt ist. Der Schwung fühlt sich dann jedes Mal anders an, und es wird schwierig, gute Schläge zu wiederholen.

Schläger sollten nicht nur nach dem Spiel und dem Training gereinigt, sondern, je nach Wetter, nach jedem Schlag mit dem Handtuch abgewischt werden, das an der Tasche hängt. Saubere Schlägerköpfe sehen nicht nur besser aus, sondern sind auch wichtig für einen guten Ballkontakt.

Die Schlägergriffe müssen bei regelmäßigem Spiel mindestens einmal in der Saison erneuert werden. Ein völlig glatter Griff sieht nicht sehr ansprechend aus und er beeinträchtigt auch das Spiel, weil der Schläger besonders bei Nässe nicht mehr gut in der Hand liegt; mitunter kann der Schläger sogar aus der Hand rutschen und dadurch Mitspieler gefährden.

Völlig abgenutzte Schlägergriffe (r.) beeinträchtigen das Spiel und sehen unästhetisch aus

15

Golftasche

Beim Kauf einer Golftasche kann man zwischen einer Tragetasche und einer Tasche für einen Caddiewagen wählen. Wer sich für eine Tragetasche entscheidet, hat neben dem sportlichen Training den Vorteil, daß er schneller spielen kann, denn mit einer Tragetasche darf man Abschläge, Grüns und kräftige, sportliche Spieler in Frage. Die größeren Taschen werden mit Durchmessern zwischen 7 und 12 inch (1 inch = 2,54 cm) angeboten, wobei Größen über 10 inch – mit dem Logo des Herstellers – fast nur von Pros benutzt werden. Golftaschen werden aus den unterschiedlichsten Materialien hergestellt; hier kommen

Große Golf-taschen (l.) kann man nur mit einem Caddiewagen transportieren, kleinere (r.) dagegen tragen

Vorgrüns überqueren - mit einem Caddiewagen ist das nicht erlaubt. Das kann bei einer ganzen Runde bis zu fünfzehn Minuten ausmachen. Ein komplettes Set wiegt mit Zubehör jedoch schon fast zehn Kilogramm; tragen kommt dann nur für jedoch fast ausschließlich Kunststoffe zur Verwendung. Ledertaschen sehen sehr schön aus, sind jedoch pflegeintensiver, schwerer und erheblich teurer als Kunststofftaschen; sie halten aber bei entsprechender Pflege ein Leben lang.

Halten Sie Ordnung in Ihrer Tasche: das sieht nicht nur besser aus, sondern es hilft auch Zeit sparen, da man Schläger und Zubehör nicht lange suchen muß.

Über die Hölzer sollten Sie Schlägerhauben (Headcover) stülpen, auch wenn das bei Metall-Hölzern eigentlich nicht mehr nötig wäre, weil sie nicht so stark verkratzen können wie richtige Holzschläger. Hölzer mit Headcovern sehen ordentlicher aus, und beim Laufen über unebenes Gelände können die Schläger nicht aneinanderschlagen und verursachen dadurch weniger Lärm.

Auch Caddiewagen mit quietschenden Rädern sind für Ihre Mitspieler unzumutbar.

Über die Hölzer
– auch wenn
sie aus Metall
sind – sollten
Sie Schläger-
hauben stülpen

Kleidung und Ausrüstung

....

▶ *Tragen Sie gepflegte Kleidung, Handschuhe und Golfschuhe*
▶ *Benutzen Sie die Umkleideräume*
▶ *Kaufen Sie Schläger und Zubehör im Pro-Shop Ihres Clubs*
▶ *Da Golfspielen schwer genug ist, sollten Sie individuell angepaßte Schläger kaufen*
▶ *Halten Sie Ihre Schläger sauber und wechseln Sie öfter die Griffe*
▶ *Kaufen Sie eine komplette Golfausrüstung erst nach einigen Unterrichtsstunden*

....

KLEIDUNG UND AUSRÜSTUNG

VERHALTEN AUF DEN ÜBUNGSANLAGEN

Im Gegensatz zu vielen anderen Ländern ist das Üben auf der Driving-Range in Deutschland fester Bestandteil des Golfspiels.

Driving-Range

Sicherheit

Ein starker Übungsbetrieb
auf einer großen Range
erfordert die Einhaltung aller
Vorschriften, damit es nicht
zu Unfällen kommt. Es gibt
vier grundlegende Sicher-
heitsregeln:

**1. Bleiben Sie stets auf
einer Höhe mit den anderen
Übenden.** Gehen Sie nicht
nach vorne, um Tees, Divots
oder getoppte Bälle aufzusammeln, denn beim Golf
können Bälle fast 90° zur
Seite starten. Bringen Sie
genügend Tees mit auf die
Range, damit Sie dann größe-
re Mengen – nach Abstim-
mung mit den Nachbarn –
aufsammeln können.

Divots werden auf der
Driving-Range grundsätzlich
nicht eingesetzt. Hier wird
wegen des großen Übungsbe-
triebs fast täglich nachgesät.
Riskieren Sie auch keine Verletzungen, nur um einen verunglückten Ball noch einmal
zu schlagen.

**2. Führen Sie nie Schwünge
in Richtung anderer Golfer
aus.** Schlägerköpfe sind meist
nur mit einem Kleber an den
Schäften befestigt und lösen
sich hin und wieder. Außerdem könnte man auch ein
Divot herausschlagen und
damit andere Golfer treffen.

**3. Vergewissern Sie sich vor
jedem Schlag, daß niemand
in dem Raum Ihres beabsich-
tigten Schwunges steht.**

**4. Bewegen Sie sich in einem
großen Bogen um Golfer, die
einen Schläger halten und
sich in der Ansprechposition
befinden.** Beim Gruppen-
training passieren häufig
Unfälle, wenn einem Übenden

die Bälle oder die Tees ausgehen und er beim Nachbarn,
der vor ihm steht, Nachschub
holen will: Statt in einem großen Bogen um ihn herum zu
laufen und die Bälle dann von
vorne zu holen, tritt er von
hinten an den Spieler. Wenn
dieser dann gerade ausholt,
läuft er Gefahr, vom Schläger
getroffen zu werden.

*Auf der Driving-
Range ereignen
sich oft Unfälle,
die bei Beachtung
der Etikette ver-
meidbar wären*

21

Bälle

Driving-Range-Bälle sind meist mit einem roten oder schwarzen Ring und der Aufschrift „Range" gekennzeichnet. Die Bälle sind Eigentum des Range-Betreibers und dürfen nicht beim Spiel auf dem Platz verwendet werden. Zudem ist es verboten, die Bälle vor dem Üben auf der Range aufzusammeln, weil die Range von den Einnahmen des Ballverkaufs unterhalten werden muß und es außerdem zu gefährlich wäre.

Driving-Range-Bälle sind Eigentum des Range-Betreibers und dürfen nicht auf dem Platz benutzt werden

Manchmal befinden sich auch „richtige" Golfbälle unter den Range-Bällen; auch diese darf man nicht einstecken, da sie ebenfalls zur Range gehören. Schadhafte Bälle sollte man aussortieren und nicht verschlagen, da sie sowieso nicht richtig fliegen.

Es ist eine weitverbreitete Unsitte, nicht benutzte Driving-Range-Bälle mitzunehmen oder irgendwo zu deponieren, um sie beim nächsten Mal zu verwenden. Würde das geduldet, müßten erheblich mehr Bälle eingekauft werden und das Training würde teurer.

Tips zum Training

▶ Da die meisten Benützer der Driving-Range sich in die Nähe des Weges vom Ballautomat zur Range stellen, sollten Sie diesen Bereich meiden und sich lieber an den Rand der Range stellen. Hier ist das Gras meist deutlich besser, und Sie haben beim Training mehr Ruhe.

Sollte der Ballautomat nach dem Einwerfen der Münzen keine Bälle herausgeben, versucht man nicht das Problem mit Gewalt selbst zu lösen, sondern meldet sich im Pro-Shop

23

*Beim Training
auf der Range
sollten Sie be-
sonderen Wert
auf die Aus-
führung Ihrer
Schläge legen
und nicht auf
die Anzahl*

▶ Auch auf der Range sollten Sie sich immer ein Ziel für Ihre Schläge nehmen. Überprüfen Sie, ob eventuell vorhandene Balken in diese Richtung zeigen.

▶ Anfänger sollten beim Üben auf der Range häufig aufteen, um den Rasen zu schonen und um sich das Treffen des Balles zu erleichtern.

▶ Viele Bälle zu schlagen ist nicht immer gleichbedeutend mit einem großen Übungseffekt. Man kann fast sagen: Je besser der Spieler, desto weniger Bälle schlägt er in der gleichen Zeit. Anfänger „prügeln" meist einen Ball nach dem anderen von der Range, in der Hoffnung, sich um so schneller zu verbessern, Das ist natürlich Unsinn: Die Qualität des Trainings ist gerade beim Golf um ein vielfaches wichtiger als die Quantität. Sie sollten bei jedem Schlag eine klare Vorstellung von der Ausführung haben und das Ergebnis genau analysieren. Wenn Sie nach einer halben Stunde ermüden, sollten Sie eine Pause einlegen. Denn ein Training im ermüdeten Zustand ist vergeudete Zeit.

▶ Eine weitverbreitete Unsitte – vorwiegend von Männern mit niedrigen Handicaps – besteht darin, Mitübenden, Kindern oder der Ehefrau Unterricht zu erteilen. Durch ein niedriges Handicap wird man aber noch nicht zum Golflehrer. Besonders Kinder sollten nur Unterricht vom Fachmann bekommen, da sich sonst eventuelle Fehler zu stark einschleifen und nur schwer wieder korrigieren lassen.

▶ Vernachlässigen Sie beim Üben nicht das kurze Spiel. Wenn Ihr Club außer der Range keine gesonderten Annäherungsanlagen besitzt, sollten Sie das Pitchen auch auf der Driving-Range trainieren.

Allgemeine Hinweise

▶ Wenn Sie die Übungsbunker auf der Range benutzt haben, sollten Sie diese danach wieder harken und die Harke an die ursprüngliche Stelle zurücklegen.

▶ Gespräche sollten auf der Range möglichst leise geführt werden, da einige Golfer Ruhe brauchen, um sich konzentrieren zu können.

▶ Fast alle Clubs kämpfen mit der Unart der Spieler, die leeren Ballkörbe auf der Range liegen zu lassen. Bringen Sie diese an den vorgesehenen Ort – meist neben dem Ballautomaten – zurück.

Driving-Range

....

▶ *Beachten Sie die Sicherheitsvorschriften auf der Range*

▶ *Sammeln Sie keine Bälle von der Range*

▶ *Spielen Sie – auch wenn Sie ein besserer Golfer sind – nicht den Golflehrer*

▶ *Bringen Sie Ihren Ballkorb nach dem Training zum vorgesehenen Platz*

....

Übungsgrüns

Das Übungsgrün (Putting-Grün) dient zum Training der Putts. Damit man ein verläßliches Feedback bekommt, muß es sich in einem guten Zustand befinden. Es ist daher nicht gestattet, hohe Annäherungen auf das Putting-Grün zu spielen, da die Pitchmarken zu große Löcher hinterlassen. In den meisten Clubs ist das Chippen, also flache Annäherungsschläge auf das Putting-Grün, jedoch erlaubt.

Auf vielen Golfplätzen gibt es spezielle Annäherungsgrüns, die zum Training von Pitches und Bunkerschlägen gedacht sind. Häufig gelten hier besondere Regeln. So darf hin und wieder nur von bestimmten Stellen gepitcht werden. Zudem gibt es eine Regelung, ob nur eigene oder auch Range-Bälle benutzt werden dürfen. Die Übungsbunker müssen nach der

Da sich das Spiel rund um die Übungs-grüns auf einer verhältnismäßig kleinen Fläche konzentriert, sollte hier besonderer Wert auf die Schonung des Platzes und auf die Rücksicht-nahme gegen-über den Mit-spielern gelegt werden

Um auf einem Putting-Grün sinnvoll trai-nieren zu kön-nen, muß es sich in einem guten Zustand befinden

Auf dem Pitching-Grün kann man Bunker- und hohe Annäherungsschläge üben

Benutzung wieder geharkt werden, auch wenn der Vorgänger dies versäumt hat.

Bei starkem Übungsbetrieb auf dem Putting-Grün, zum Beispiel bei einem Kanonenstart (es wird gleichzeitig an allen 18 Löchern gestartet, das Startsignal wird dann mit einer Kanone oder Pistole gegeben), sollte man sich nach dem Einlochen ein Stück von dem Loch entfernen, um zum nächsten Loch zu putten, da so der doppelte Trainingsbetrieb möglich ist. Auf dem Putting-Grün verwendet man im übrigen keine Range-Bälle, sondern nur „richtige" Golfbälle, da ein präzises Putten mit den meist unrunden Range-Bällen nicht möglich ist.

Zum Schluß noch ein wichtiger Tip für das Putt-Training: Üben Sie auf dem Putting-Grün auch immer das Lesen.

▶ *Spielen Sie keine hohen Annäherungen auf das Putting-Grün*
▶ *Harken Sie die Übungsbunker nach dem Gebrauch*
▶ *Bei starkem Übungsbetrieb auf dem Putting-Grün entfernt man sich nach dem Einlochen ein Stück vom Loch*

Die meisten Spieler vernach-lässigen auf dem Putting-Grün das Lesen der Putt-linie, weil sie oft mehrere Bälle zum selben Loch spielen. Auf diese Weise kann man diese Fertigkeit jedoch nicht weiterentwickeln

VERHALTEN
AUF DEM PLATZ

*Wenn Sie sich auf
dem Platz an die
Etikette halten, werden
Sie bei Clubleitung
und anderen Golfern
ein gerngesehener
Mitspieler sein*

Im Gelände

Sicherheit

Das erste Wort, das man lernen muß, wenn man zum ersten Mal einen Golfplatz betritt, ist „Fore!". Dies ist ein international gültiger Warnwurf, der dann ausgestoßen wird, wenn ein Ball auf andere Spieler zufliegt. „Fore!" wird so laut gerufen, daß ihn auch bis zu 200 Meter entfernte Golfer hören können. Die richtige Reaktion auf diesen Ruf besteht in einem sofortigen Ducken, wobei man die Hände schützend über den Kopf hält. Auch wenn man bei einem verzogenen Schlag keinen anderen Golfer getroffen hat, entschuldigt man sich anschließend.

Genau wie auf der Range werden auf dem Platz nie Probeschwünge in Richtung anderer Spieler durchgeführt. Bei allen langen Schlägen wartet man so lange, bis die vorausspielende Gruppe außer Reichweite ist. Man muß immer davon ausgehen, daß man den Ball optimal trifft, auch wenn die vorausgegangenen Schläge schlecht getroffen waren und die Bälle nur sehr kurz geflogen sind.

An Par-3-Löchern darf man grundsätzlich erst dann abschlagen, wenn die vorausspielende Gruppe das Grün verlassen hat und sich in genügendem Abstand auf dem Weg zum nächsten Abschlag befindet. Einzige Ausnahme: Wenn es an sehr langen oder schwierigen Par-3-Löchern ständig zu Staus kommt, bestimmt die Spielleitung manchmal, daß die Gruppe, die sich am Grün befindet und alle Bälle auf das Grün geschlagen hat, der nachfolgenden Gruppe ein Zeichen zum Abschlagen gibt und danach ihr Spiel fortsetzt.

Aus Sicherheitsgründen ist es wichtig, daß Sie bei den langen Schlägen immer auf der Höhe Ihrer Mitspieler bleiben und nicht vorlaufen. Auch wenn man einen Ball ins höhere Gras geschlagen hat, ist es nicht korrekt, vorzulaufen und mit dem Suchen zu beginnen. Man sollte den Mitspielern Zeit geben, die Stelle, an der man den Ball vermutet, zur gleichen Zeit zu erreichen, damit so nicht der Verdacht entstehen kann, daß man unerlaubt einen zweiten Ball ins Spiel bringt.

Da die erlaubte Suchzeit von fünf Minuten in dem Moment beginnt, da der erste Spieler anfängt, nach dem Ball zu suchen, haben Sie so auch den Vorteil, während der gesamten Zeit mit allen Mitspielern nach dem Ball zu schauen.

Anfänger sollten Probeschwünge immer neben dem Abschlag durchführen

Schonung des Platzes

Probeschwünge auf dem Abschlag, bei denen der Schläger Boden herausschlagen könnte, sind verboten, da sich der Spielbetrieb auf dieser kleinen Fläche stark konzentriert. Erfahrene Golfer, die ihren Probeschwung mit absoluter Sicherheit so ausführen können, daß der Schläger den Boden nicht berührt, dürfen auch auf dem Abschlag einen Probeschwung machen. Anfänger sollten neben den Abschlag gehen. Hier haben Sie außerdem den Vorteil, daß Sie versuchen können, das Gras mit dem Schläger zu bürsten, um so ein Gefühl für die richtige Höhe zu bekommen. Im Gelände darf man dann den Probeschwung direkt neben dem Ball machen,

da sich die Belastung des Grases hier genügend verteilt. Trotzdem muß man darauf achten, daß sich der Ball beim Probeschwung nicht bewegt.

Im Gelände müssen Divots (herausgeschlagene Rasenstücke) wieder eingesetzt werden. Auch wenn ein Divot so klein ist, daß es vermutlich nicht wieder anwächst, wird sich der nächste Spieler, dessen Ball an der gleichen Stelle landet, freuen, wenn sich unter seinem Ball etwas Gras befindet.

Im Ausland muß man bei anderen Grassorten häufig einen Sandbeutel mit auf die Runde nehmen. Die kahle Stelle wird dann nach dem Schlag mit dem Sand-Dünger-Gemisch gefüllt. Divots lösen sich auf diesen Böden in so

33

AUF DEM PLATZ

*Herausge-
schlagene
Rasenstücke
(Divots) muß
man wieder
einsetzen*

viele Einzelteile auf, daß man sie nicht mehr einsetzen kann.

Neben den bekannten Pfählen in den Farben Weiß (Ausgrenze), Gelb (Wasserhindernis), Rot (seitliches Wasserhindernis) und Blau (Boden in Ausbesserung) gibt es auf manchen deutschen Plätzen auch Pfähle, die einen Biotop kennzeichnen. Biotope darf man nicht betreten, auch wenn sich darin ein neuer Ball in Sichtweite befindet.

Geschwindigkeit

Ein häufiger Verstoß gegen die Etikette, der erfahrene Spieler am meisten ärgert, ist das „langsame" Spiel. Bei vielen Turnieren ist eine Spielzeit von über viereinhalb Stunden schon zur Regel geworden. Langsames Spiel kostet nicht nur Zeit, sondern

oft auch Schläge, da man als schneller Spieler nicht zu seinem Spielfluß findet. Außerdem verursacht es zusätzliche Kosten, da bei langsamem Spiel der Platz von deutlich weniger Spielern benutzt werden kann.

In den seltensten Fällen sind Spieler zu langsam, weil sie zu viele Schläge brauchen. Meist liegt es an Gedankenlosigkeit: an mangelnder Selbstorganisation. Zum Beispiel wird der Caddiewagen an der falschen Stelle abgestellt, es wird zum Annähern auf der gegenüberliegenden Grünseite nur ein Wedge, statt zusätzlich noch der Putter mitgenommen, und die Planung des Schlages beginnt erst, wenn der Spieler an der Reihe ist, und nicht vorher.

Wenn vor Ihnen eine langsame Gruppe spielt, dürfen Sie den Spielern natürlich auch nicht „in den Rücken spielen", um sich bemerkbar zu machen. Als Faustregel gilt, daß man die nachfolgende Gruppe durchläßt, wenn die vorausspielende Gruppe ein ganzes Loch Abstand gewonnen hat. Wenn dies nicht ohne Aufforderung geschieht, sollte man die vorausgehende Gruppe höflich fragen, ob man bei nächstmöglicher Gelegenheit durchspielen darf.

Zu unnötigen Verzögerungen kommt es häufig, wenn

ein Spieler seinen Ball sucht, dazu volle fünf Minuten Suchzeit beansprucht und dann erst durchspielen läßt. Wenn man absehen kann, daß der Ball schwierig zu finden ist, gibt man der nachfolgenden Gruppe sofort Zeichen zum Durchspielen und nimmt dann die erlaubten fünf Minuten Suchzeit in Anspruch. Damit die erlaubten fünf Minuten für die Ballsuche nicht geschätzt werden müssen – meist wird dann doppelt so lange gesucht – schaut man grundsätzlich auf die Uhr. Beim Suchen helfen immer alle Mitspieler aus der eigenen Spielgruppe; der Spieler bedankt sich anschließend dafür – auch wenn die Suche nicht erfolgreich war.

Es ist kein Zeichen von Schwäche, eine andere Gruppe durchspielen zu lassen, auch wenn sie aus mehr Spielern besteht als die eigene. Grundsätzlich gilt, daß die Gruppe mit weniger Spielern Vorrecht hat. An Wochenenden und Feiertagen ist es jedoch umgekehrt, damit sich bei dem größeren Spielbetrieb möglichst viele Gruppen mit vier Personen bilden. Einzelspieler haben zwar grundsätzlich das geringste Platzrecht, diese Regelung sollte aber kulant gehandhabt werden.

Man kann die Ballsuche häufig vermeiden, wenn man den Ball nach einem schlechten Schlag bis zum Auftreffen im Blick behält und sich einen Referenzpunkt zum Suchen merkt.

Wenn der ursprüngliche Ball verloren sein könnte, sollte man gleich einen provisorischen Ball spielen. Dieser Ball kommt nur dann ins Spiel, wenn der ursprüngliche Ball nicht gefunden wird, spart aber Zeit, weil man bei Verlust des ersten nicht mehr

Will man die nachfolgende Spielgruppe durchspielen lassen, gibt man Handzeichen; der Spieler, der dann als erster schlägt, hebt kurz die Hand

zur ursprünglichen Stelle zurückgehen muß.

In Trainingsrunden ist es eher unüblich, die volle Suchzeit von fünf Minuten zu beanspruchen. Wenn die Suche von vornherein wenig Aussicht auf Erfolg hat, so zum Beispiel in hohem Rough, stellt man sie aus Höflichkeit gegenüber den Mitspielern schnell ein.

Den Caddiewagen stellt man – vom Spieler aus gesehen – immer auf die gegenüberliegende Seite des Balles

Um Zeit zu sparen, kann man in Trainingsrunden auch auf die genaue Einhaltung der Abschlagfolge verzichten. Prinzipiell „hat der Spieler die Ehre", der am vorausgegangenen Loch die wenigsten Schläge gemacht hat. War die Schlagzahl gleich, wird die Reihenfolge des vorausgegangenen Abschlags eingehalten.

Der Golfwagen wird immer auf die – vom Spieler aus

gesehen – dem Ball gegenüberliegende Seite gestellt. Hier behindert der Wagen nicht den Schwung und ist nach dem Schlag gleich zur Hand. Auch bei verunglückten Schlägen, die nur einige Meter weit fliegen, wird der Wagen sofort mitgenommen, damit man anschließend nicht wieder zurücklaufen muß, um ihn zu holen.

Rücksicht und Höflichkeit

Auf dem Gelände des Golfclubs grüßt man auch fremde Spieler. Wenn man mit fremden Golfern spielt, stellt man sich und gegebenenfalls auch den Caddie vor und begrüßt sich mit Handschlag.

Es ist eine weitverbreitete Unsitte, am ersten Abschlag Ausreden aufzuzählen, warum man heute wahrscheinlich nicht sein bestes Golf spielen kann. „Ich bin erst um drei Uhr ins Bett gekommen." oder „Ich habe seit zig Monaten keinen Schläger in der Hand gehabt." oder „Ich hatte gerade eine Golfstunde, und mein Lehrer hat meinen Schwung total umgestellt." sind Ausreden, die auf erfahrene Golfer inzwischen einfach lächerlich wirken. Falls es wirklich so sein sollte, daß man wenig Schlaf gehabt hat, so ist man selber schuld – man hätte ja früher ins Bett gehen oder die Runde absagen können. Schlechtes Golf würde es nicht entschuldigen, wobei es einer Entschuldigung sowieso nicht bedarf.

Wenn Mitspieler abschlagen, müssen Sie sich ruhig verhalten. Während der gesamten Vorbereitungsphase der Mitspieler müssen Sie Geräusche und Bewegungen vermeiden. Nach dem Schlag des Mitspielers sollten Sie versuchen, dessen Ball im Auge zu behalten, um dem Spieler, falls er seinen Ball nicht gesehen hat, beim Suchen helfen zu können.

Es ist nicht nötig, jeden Schlag zu kommentieren. Sehr gelungene Schläge werden natürlich gelobt. Viele Spielschwächere Spieler neigen dazu, beim Spiel mit Golfern, die eine sehr niedrige Vorgabe haben, schon in Beifallsstürme zu verfallen, wenn der Abschlag laut knallt und der Ball im Flug laut zischt. Für gute Spieler ist das jedoch normal. Allein Richtung und Flugweite entscheiden hier über den wirklichen Erfolg. Auch sieht man oft Bälle, die 150 Meter weit scheinbar völlig gerade fliegen, um dann urplötzlich fast im rechten Winkel zu einer Seite abzudrehen und im Rough zu landen. Warten Sie deshalb mit Ihrem Lob, bis der Ball liegt.

Bei den eigenen Schlägen sollte man auch mit Gefühls-

ausbrüchen eher zurückhaltend sein. Golf verleitet dazu, den einzelnen Schlag zu wichtig zu nehmen. Auch in einer guten Runde gibt es immer wieder schlechte Schläge; was zählt, ist das Endresultat.

Ein gewisser Gleichmut ist beim Golf hilfreich, weil es dann einfacher wird, sich ausschließlich auf den kommenden Schlag zu konzentrieren. Völlig fehl am Platze sind Gefühlsausbrüche, wie sie beim Tennis üblich sind. Das Werfen von Schlägern wird

Selbst nach „katastrophalen" Schlägen sollte man sich beherrschen. Wutausbrüche sind den Mitspielern gegenüber unhöflich und haben zudem noch niemandem weitergeholfen

bei Turnieren der Professionals sofort mit Geldstrafen geahndet.

Von Tommy Bolt, der für seine Gefühlsausbrüche bekannt war, stammt das nicht ganz ernstgemeinte Zitat: „Wenn Sie Ihren Schläger werfen wollen, ist es wichtig, ihn nach vorne in Spielrichtung den Fairway hinunter zu werfen, so verschwenden Sie keine Energie beim Zurücklaufen, um den Schläger wieder zu holen."

Auf dem Golfplatz ist das Rauchen grundsätzlich erlaubt, wenn es auch etwas absurd wirkt, bei der Ausübung eines Sports an der frischen Luft Nikotin zu inhalieren. Bei längerer Trockenheit gibt es wegen Brandgefahr auf manchen Plätzen Einschränkungen. Raucher sollten sich kleine Aschenbecher zulegen, die man am Caddiewagen montieren kann, denn man darf Zigarettenstummeln natürlich nicht einfach auf den Golfplatz werfen.

Inzwischen führen viele Golfer schon ihre Mobiltelefone in den Golftaschen mit sich. Damit Mitspieler in der Konzentrationsphase oder während des Schwunges nicht durch das Piepsen des Telefons gestört werden, muß es auf dem Platz ausgeschaltet sein.

Beim Schlag eines Mitspielers stellen Sie sich am besten vis-à-vis oder hinter dessen Rücken

Wohin stellt man sich, wenn der Mitspieler schlägt? Am besten stellen Sie sich vis-à-vis oder etwas weiter entfernt hinter den Mitspieler, so daß er Sie nicht sieht. Stellen Sie sich nicht vom Ziel aus gesehen hinter den Spieler, weil sie sich sonst in dessen peripherem Blickfeld befinden.

Eine Golfrunde beginnt üblicherweise am ersten Loch und endet am achtzehnten. Wenn man das Spiel abkürzen will, dürfen dabei keine anderen Spielgruppen behindert werden, die sich auf einer regulären Runde befinden. Viele Clubs gestatten es zu bestimmten Zeiten, am zehnten Abschlag zu beginnen. Hierbei haben Golfer, die vom neunten Loch kommen, natürlich Vorrecht.

Auf 9-Loch-Plätzen wird meist alternierend vom ersten Abschlag gespielt - Spielgruppen, die neu beginnen, wechseln sich ab mit Gruppen, die schon neun Löcher gespielt haben.

Auf engen Plätzen kann es hin und wieder vorkommen, daß der Ball auf einem fremden Fairway landet. Die Regel unterscheidet nicht zwischen verschiedenen Fairways, so daß man den Ball normal weiterspielen darf. Die Spieler des anderen Loches haben jedoch Vorrang, und man muß besonders darauf achten, daß man beim Zurückspielen auf die eigene Bahn niemanden gefährdet.

Findet man auf dem eigenen Fairway einen Ball, der keinem Golfer der eigenen Spielgruppe gehört, kann man den Ball nicht einfach einstecken. Es kommt so gut wie nie vor, daß jemand seinen Ball auf dem Fairway verliert. In den meisten Fällen kommt der Ball von den Nachbar-Spielbahnen. Auch wenn Sie Bälle im Rough finden, sollten Sie absolut sicherstellen, daß der Ball niemandem mehr gehört.

Wenn Spielbahnen dicht nebeneinander verlaufen und man Golfer beim Vorbeigehen stören könnte, bleibt man kurz stehen.

Mitspieler finden

Sind Sie alleine und suchen einen Mitspieler, sollten Sie sich keinesfalls Spielern mit deutlich niedrigerem Handicap aufdrängen. Am besten fragen Sie im Sekretariat nach geeigneten Mitspielern. Auf öffentlichen Plätzen spielen fremde Golfer öfter miteinander – in Clubs ist das eher selten. Als Anfänger sollte man in ruhigen Zeiten alleine spielen. Zu Anfang ist man so mit dem eigenen Spiel beschäftigt, daß Mitspieler zu sehr ablenken.

Regeln

Nach den Regeln zu spielen, ist gute Etikette. Golf unterscheidet sich beim Verstoß gegen die Regeln erheblich von anderen Sportarten: Da man beim Golf sehr leicht betrügen kann, basiert das Zusammenspiel größtenteils auf Vertrauen. Wenn bei anderen Ballsportarten gegen die Regeln verstoßen wird, gibt es entweder eine Strafzeit oder auch eine Spielsperre – danach ist die Sache vergessen. Wird einem Spieler jedoch beim Golf Betrug nachgewiesen, wird ihm dieser Makel in seinem Club ein Leben lang anhaften, denn er wird nie beweisen können, daß er von da an ehrlich spielt. Man wird ihm keinen Turniersieg mehr gönnen. Das Turnierspielen kann er in seinem eigenen Club aufgeben. Es kommt leider noch viel zu selten vor, daß beispielsweise ein Fußballspieler zum Schiedsrichter geht und den ihm zuerkannten Einwurf freiwillig dem Gegner zuspricht, weil er weiß, daß er ihm nicht zusteht. Beim Golf ist das der Normalfall: Wenn Sie zum Beispiel Ihren Ball im Rough ansprechen und er sich einen halben Zentimeter bewegt, müssen Sie das Ihrem Zähler mitteilen und den Ball unter Hinzurechnung eines Strafschlages zurücklegen – auch wenn es niemand gesehen hat. Das erfordert natürlich Charakterstärke.

Den Ruf eines Schummlers kann man auch ohne Vorsatz bekommen. Wenn Sie sich beispielsweise aus Unkenntnis der Regeln eine verdiente Strafe nicht anrechnen und das nach dem Abgeben der Score-Karte herauskommt, werden Sie auch disqualifiziert. Bevor man an einem Turnier teilnimmt, muß man die Regeln beherrschen. Natürlich kann man nicht alle Regeln kennen, aber bei Unsicherheit hat man die Pflicht, sich vor dem Unterschreiben der Score-Karte zu informieren und sich gegebenenfalls selber zu disqualifizieren. Für Fälle, in denen man sich unsicher ist, gibt es auch den „Regelfall" (Regel 3-3). Hat man zum Beispiel Zweifel, ob man in einer bestimmten Situation Erleichterung in Anspruch nehmen darf, kann man einen zweiten Ball spielen, bei dem die Erleichterung in Anspruch genommen wird, und der ursprüngliche Ball wird ohne Erleichterung zu Ende gespielt. Man schreibt beide Ergebnisse auf und teilt der Spielleitung vor dem Unterschreiben der Karte den Fall mit. Die Spielleitung bestimmt dann, welcher Ball zählt.

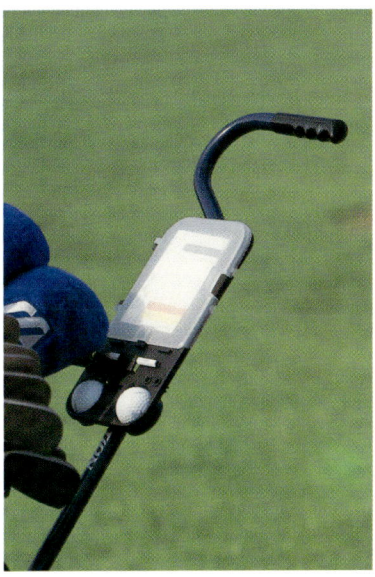

Vor Abgabe der Score-Karte muß man sicherstellen, daß das Ergebnis in Übereinstimmung mit den Regeln zustande kam. Zur Aufbewahrung der Score-Karte gibt es praktische Halter für den Caddiewagen

41

Da auch beide Möglichkeiten regelgerecht sein können, muß man seinem Zähler vor dem Einsetzen des zweiten Balles mitteilen, welcher Ball, sofern möglich, zählen soll.

Viele „Regelmythen" entstehen dadurch, daß unerfahrene Spieler bei Regelunklarheiten Spieler fragen, die schon länger Golf spielen oder ein niedrigeres Handicap haben, die aber die Regeln ebenfalls nicht beherrschen. Leider sind Spieler, die wirklich „regelfest" sind, beim Golf die absolute Ausnahme.

Verlassen Sie sich deshalb nicht auf die Meinung anderer Spieler. Das Regelbuch ist die richtige Quelle. Bei schwierigen Fällen, die Sie alleine mit dem Regelbuch nicht klären können, sollten Sie den Spielführer oder Golflehrer Ihres Clubs fragen. Die Fälle, die im Regelbuch nicht klar definiert sind, werden in den sogenannten Decisions zusammengefaßt und jährlich in Buchform vom Royal and Ancient Club of St. Andrews herausgegeben.

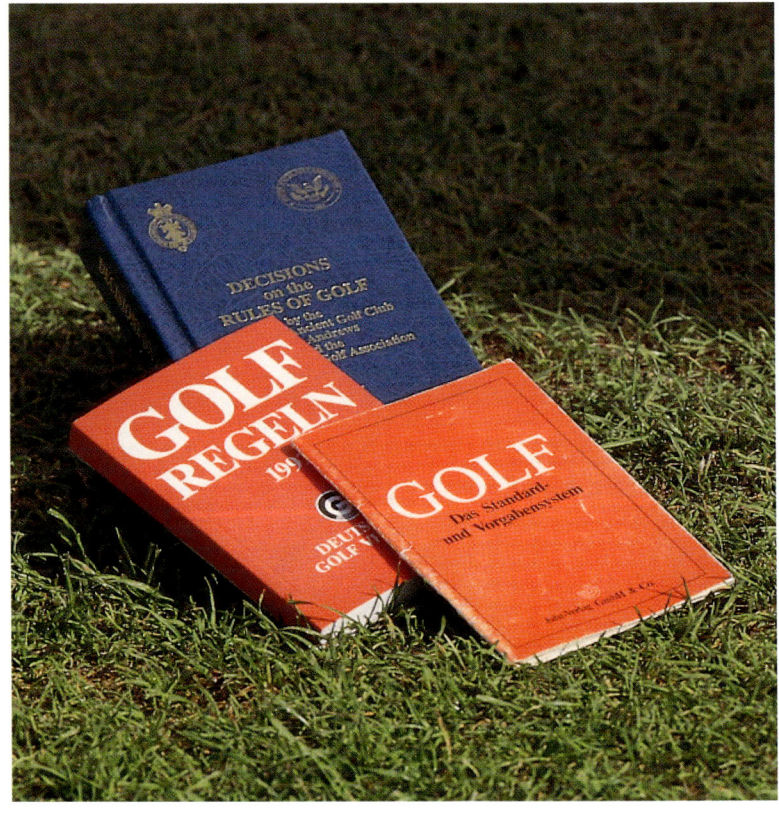

Regel-, Decisions- und CONGU-Buch geben Auskunft über alle Regel- und Handicap-Fragen

Es gibt beim Golf einige Situationen, in denen Ihnen die korrekte Auslegung der Regeln den Ruf der Unsportlichkeit einbringen kann. Wenn Ihr Mitspieler zum Beispiel mit einem Fünf-Zentimeter-Putt das Loch beenden will und sich dabei, um nicht in Ihre Puttlinie zu treten, rittlings hinter seine Puttlinie stellt, sind Sie verpflichtet, ihn darauf hinzuweisen, daß er sich damit zwei Strafschläge zugezogen hat. Auch wenn er Rücksicht auf Sie nehmen wollte und er dadurch keinen Vorteil hat, muß er zwei Strafschläge bekommen, weil man die Regeln natürlich nicht nach eigener Auslegung in faire und unfaire Regeln einteilen und danach verfahren darf.

Die Golfregeln sind auf der ganzen Welt gleich. Es gibt jedoch auch noch Platzregeln, die sich von Platz zu Platz unterscheiden. Wenn Sie an einem Turnier teilnehmen, müssen Sie diese Regeln kennen oder mitführen. Oft sind sie auf der Score-Karte abgedruckt oder sie werden am ersten Abschlag vom Starter ausgehändigt.

Auf einen kanadischen Golfspieler geht angeblich der „Mulligan" zurück. Dieser Golfer ist in der Anfangszeit des Automobils mit seinem kaum gefederten Fahrzeug zum Golfplatz gefahren. Die holprigen Straßen haben bei ihm so zitterige Hände verursacht, daß ihm seine Mitspieler am ersten Abschlag einen kostenlosen zweiten Versuch einräumten, wenn der erste mißlang. Die Regeln sehen natürlich keinen Mulligan vor, da er nur eine populäre Form des Selbstbetrugs darstellt. Es gibt sogar Spieler, die sich fast an jedem zweiten Abschlag einen Mulligan gönnen. Völlig absurd wird es, wenn der Mulligan noch schlechter wird als der erste Schlag und die Spieler dann wie selbstverständlich doch den ersten spielen. Das hatten die Mitspieler des Kanadiers natürlich nicht im Sinn.

Das Erwerben der Platzreife ist für Golf-Einsteiger ein leidiges Thema und stößt oft auf Unverständnis, weil es in Amerika und England etwas Vergleichbares nicht gibt und man dort auf vielen Plätzen nach dem Entrichten des Greenfees einfach losspielt. Die Situation bei uns ist jedoch anders: Die Golf-Nachfrage ist so groß, daß man mit dem Bau neuer Plätze nicht nachkommt. Deshalb werden Golfplätze in Deutschland viel stärker genutzt. Einsteiger, die noch nicht über ein entsprechendes Spielniveau verfügen, würden das Spiel erheblich verzögern.

Auf einem Platz wie dem des Augusta National Golf Club wird man auch mit einer offiziellen Platzreife nicht spielen dürfen

Als Anfänger sollten Sie daran denken, daß Sie auch einmal ein erfahrener und schneller Spieler sind, und sich dann freuen, wenn man nicht jeden so ohne weiteres auf den Golfplatz läßt. Wenn Sie noch keine Platzreife besitzen, dürfen Sie nur mit dem Golflehrer über den Platz gehen, der auch nicht durch einen gut spielenden Freund ersetzt werden kann.

Für die Spielreihenfolge gibt es beim Golf eine einfache Regel: Es ist immer der Spieler an der Reihe, dessen Ball am weitesten von der Fahne entfernt liegt. Dabei spielt es keine Rolle, ob der Ball auf dem Grün liegt oder nicht. Bei Trainingsrunden einigt man sich aber meist, zuerst alle Bälle aufs Grün zu spielen, auch wenn dann ein Chip aus zehn Metern vor einem Putt aus fünfzehn Metern gespielt wird. Hierdurch spart man Zeit, weil das Herausnehmen und erneute Einstecken der Fahne wegfällt.

Beim Handicap-System nach CONGU (Council of National Golf Unions) spielt es bei der Veränderung des Handicaps keine Rolle, ob man sein Handicap um drei oder 20 Schläge überspielt hat. Selbst ein Abbruch der Runde („no return") führt bis zum Handicap 28 nur zu einer Heraufsetzung von 0,1 Punkten. Es gilt jedoch als extrem unsportlich, eine Runde abzubrechen, weil man schlecht gespielt hat. Ein „no return" sollte es wirklich nur bei Verletzungen geben. Neuerdings versuchen manche Spieler, ein „no return" zu umgehen, indem sie sich selbst disqualifizieren. Aber auch das ist eine grobe Unsportlichkeit.

Im Gelände

▶ *„Fore!" ist auf dem Golfplatz ein internationaler Warnruf*

▶ *Spielen Sie nicht, wenn andere Golfer in Reichweite sind*

▶ *Bleiben Sie immer auf der Höhe der Mitspieler*

▶ *Vermeiden Sie Probeschwünge auf den Abschlägen, bei denen das Gras belastet wird*

▶ *Setzen Sie Divots wieder ein*

▶ *Denken Sie beim Spielablauf mit und sparen Sie dadurch Zeit*

▶ *Wenn man seinen Ball fünf Minuten suchen will, läßt man vorher durchspielen*

▶ *Langsame Spielgruppen lassen schnellere durchspielen*

▶ *Verhalten Sie sich bei der Vorbereitung und dem Schlag Ihrer Mitspieler ruhig und kommentieren Sie nicht jeden Ball*

▶ *Verschonen Sie Ihre Mitspieler mit Gefühlsausbrüchen und Ausreden*

▶ *Erlernen Sie die Regeln und spielen Sie danach*

Bunker betritt man – mit der Harke in der Hand – von der flachen Seite

Bunker

Falls der Ball im Bunker gelandet ist, betritt man den Bunker immer von der flachen Seite, damit man den Sand, der sich in der Schräge befindet, beim Betreten nicht nach unten tritt. Die Harke nimmt man am besten mit in den Bunker hinein und legt sie in die Nähe des Balles, damit man den Bunker nach dem Schlag sofort verlassen und währenddessen harken kann.

Hinterlassen Sie den Bunker so, wie Sie ihn selbst vorfinden möchten – nicht, wie Sie ihn eventuell vorgefunden haben. Alle Schlag- und Fußspuren sollten beseitigt werden. Nach dem Gebrauch wird die Harke nach neuer DGV-Empfehlung außerhalb des Bunkers gelegt und zwar an eine Stelle, an der sie das Spiel möglichst wenig behindert.

Wenn man den Ball in einer Trainingsrunde mit drei Schlägen immer noch nicht aus dem Bunker herausbekommen hat, sollte man ihn außerhalb des Hindernisses weiterspielen, damit das Spiel nicht unnötig lange aufgehalten wird. In einem Turnier ist das natürlich nicht gestattet.

Die Harke wird an eine Stelle außerhalb des Bunkers gelegt, an der sie das Spiel so wenig wie möglich beeinflußt

Als Wasser-hindernis zählt die gesamte Fläche inner-halb der gelben und roten Pfosten – nicht nur das eigent-liche Wasser

Hindernisse

....

▶ *Betreten Sie Bunker von der flachen Seite, und gehen Sie auf kürzestem Wege mit der Harke zum Ball*

▶ *Legen Sie die Harke an eine Stelle außer-halb des Bunkers, an der sie das Spiel möglichst wenig beeinflußt*

▶ *Schonen Sie die Böschungen von Wasser-hindernissen*

....

Wasserhindernis

Aus Wasserhindernissen wird der Ball öfter gespielt als man denkt: Das Wasser-hindernis erstreckt sich näm-lich nicht nur auf das eigent-liche Wasser, sondern ist die gesamte Fläche innerhalb der gelben oder roten Pfosten. Wenn der Ball also innerhalb der gelben Pfosten in der Böschung liegt, befindet er sich per Definition schon im Wasser. Genau wie im Bun-ker darf man dann den Schlä-ger nicht aufsetzen. In Was-serhindernissen sollte man auf brütende Vögel und andere Tiere achten. Caddiewagen und Golftasche sind in Hindernissen natürlich nicht erlaubt.

Auf dem Grün

Schonung des Platzes

In der Nähe des Grüns befinden sich meist Hinweisschilder für den Weg, den man mit dem Caddiewagen einschlagen muß. Die Fläche zwischen Grünbunkern und Grün ist für Caddiewagen auch ohne entsprechende Beschilderung grundsätzlich gesperrt.

Caddiewagen dürfen auch nicht auf dem Vorgrün abgestellt werden. (Das Vorgrün ist ein kleiner Streifen um das eigentliche Grün, der etwas kürzer gemäht wird als das Fairway.) Dagegen darf man Tragetaschen auf dem Vorgrün ablegen. Auf das Grün selbst dürfen nur einzelne Schläger abgelegt werden – zum Beispiel der Schläger, den man zum Annähern verwendet hat.

Das Grün sollte im eigenen Interesse besonders vorsichtig begangen werden. Man sollte weder laufen noch die Füße drehen, weil das Spikemarken verursacht, die nach der Regel vor dem Putten noch nicht einmal ausgebessert werden dürfen. Die Fairneß gebietet es aber, diese Schäden nach dem Einlochen auszubessern, damit die nachfolgenden Spieler bessere Bedingungen vorfinden.

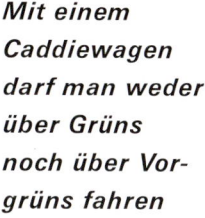

Mit einem Caddiewagen darf man weder über Grüns noch über Vorgrüns fahren

Die Golftasche darf auf dem Vorgrün abgelegt werden

Um das Grün zu schonen, sollte man sich auch nicht mit vollem Gewicht auf den Putter stützen

Beim Warten nehmen Golfer gerne einen Stand ein, bei dem sie die Beine übereinanderschlagen und sich mit einer Hand auf dem Putter abstützen. Hierbei darf kein Gewicht auf den Putter kommen, da sonst Vertiefungen auf dem Grün entstehen.

Der erste Gedanke beim Betreten des Grüns gilt der Pitchmarke, die der Ball eventuell erzeugt hat. Die Pitchmarke entfernt man am besten mit einer eigens dafür konstruierten Pitchmarkgabel. Bei richtiger Anwendung wird die entstandene kleine

Erhebung mit der Gabel in das Loch gedrückt. Anschließend sticht man mit der Gabel an verschiedenen Stellen in den Rand der Vertiefung und drückt die Erde zur Mitte. Wenn sich auf dem Grün noch mehr Pitchmarken befinden, sollten Sie auch diese ausbessern. Bei einer korrekt ausgebesserten Pitchmarke erholt sich das Grün innerhalb weniger Stunden. Wurde das Ausbessern vergessen, und ist die Bodenstelle erst einmal ausgetrocknet, dauert es mehrere Wochen, bis sich die Stelle wieder vollständig regeneriert hat.

Einige Golfer wollen sich nach dem Einlochen das Bücken ersparen: Sie stecken dazu den Putterkopf in das Loch, um den Ball dann mit einer geschickten Bewegung in die Luft zu befördern. Auch wenn das sehr einfallsreich und gekonnt aussieht, bleibt es jedoch ein Zeichen von schlechter Etikette, weil der Lochrand bei dieser Aktion meist beschädigt wird. Wenn Sie sich wirklich nicht mehr bücken können, sollten Sie sich einen Saugnapf besorgen, der eigens für diesen Zweck hergestellt wird. Mit diesem Hilfsmittel, das am Griffende des Putters angebracht wird, kann man den Ball problemlos aus dem Loch holen.

Zum Ausbessern einer Pitchmarke drückt man mit einer Pitchmarkgabel die Erde am Rand der Vertiefung nach innen. Anschließend beseitigt man alle Unebenheiten durch leichtes Andrücken mit dem Putterkopf

Geschwindigkeit

Um Zeit zu sparen, wird die Tasche oder der Caddiewagen immer auf dem Weg zwischen Fahne und nächstem Abschlag abgestellt. Wenn man einen Annäherungsschlag machen muß, nimmt man den Putter gleich mit. Beim Putten muß man den Annäherungsschläger ablegen. Nach dem Einlochen wird er dann oft vergessen. Ich empfehle Ihnen daher, den Annäherungsschläger grundsätzlich auf dem Weg zwischen Loch und Tasche auf dem Grün abzulegen. Sollten Sie den Putter mit zum Annähern nehmen, und das Gras ist durch den Tau noch naß, können Sie ein Tee in den Boden stecken und den Schlägergriff darauf legen, so daß nur der Schlägerkopf den nassen Boden berührt.

Viele Spieler verlieren nach dem Putt unnötig viel

Damit der Puttergriff beim Ablegen in feuchtem Gras nicht naß wird, legt man ihn auf ein Tee

Zeit, weil sie wie angewurzelt an ihrer Stelle stehen bleiben und über das Ergebnis lamentieren. Gleich nachdem der Ball zur Ruhe gekommen ist, sollte man den Mitspielern sagen, ob man das Loch beenden oder den Ball markieren will, was man dann auch sofort macht.

Sobald man dann eingelocht hat, sagt man seine Schlagzahl laut und deutlich an: „Ich hatte eine vier." So muß der Zähler nicht mehrmals nach dem Ergebnis fragen, und Mißverständnisse können schneller geklärt werden. Das Ergebnis wird jedoch erst am nächsten Abschlag aufgeschrieben, damit die nachfolgende Spielgruppe schneller das Grün anspielen kann.

Der Spieler, der das Recht hat, als erster abzuschlagen, schreibt den Score erst nach seinem Abschlag auf, damit nicht die ganze Spielgruppe herumsteht und aufschreibt. Da es beim Zählen häufig Mißverständnisse gibt, sollte man nicht erst nach dem Absolvieren des Loches rückwärts zählen. Das geht meist schief. Am besten zählt man während des Spiels leise für sich mit: „Jetzt liege ich drei." - nicht: „Jetzt kommt der vierte." Wenn man die Art des Mitzählens ständig wechselt, entstehen meist Fehler.

Wenn es Mißverständnisse gibt, wird der Spielverlauf des Loches jedoch nicht auf dem Grün rekonstruiert, sondern auf dem Weg zum nächsten Abschlag. Auch das übliche Bedanken nach dem Spiel geschieht bei größeren Spielgruppen und wartenden Spielern auf dem Fairway nicht auf dem Grün des letzten Loches, sondern in angemessener Entfernung daneben.

Rücksicht und Höflichkeit

Auf dem Grün darf man nicht in die Puttlinien der Mitspieler treten. Ein frischer Fußabdruck ist etwa drei Millimeter tief, und das reicht schon aus, einen Ball aus der Bahn zu bringen. Auch wenn das Grün durch jede der vorausgehenden Spielgruppen mit unzähligen Fußabdrücken übersät wurde, so beeinflußt dies den Ball bei weitem nicht so stark wie ein frischer Fußabdruck, da sich das Grün in der Zwischenzeit schon relativ gut erholt hat. Man läuft daher in einem größeren Bogen um alle Puttlinien herum und markiert den Ball, wenn es nicht möglich ist, das Loch zu beenden, ohne in die Linie eines Mitspielers zu treten.

Der Spieler, dessen Ball am nächsten zum Loch liegt, bedient die Fahne. Beim Be-

dienen der Fahne muß man folgendes beachten: Zuerst einmal ist es wichtig, beim Halten des Flaggenstocks in einem möglichst großen Abstand zum Loch zu stehen. Dabei stellt man sich seitlich zum Loch. Die Wahl der Seite macht man davon abhängig, wohin der eigene Schatten fällt und wo die Bälle der Mitspieler liegen. Bei Wind hält man auch das Flaggentuch fest, damit es nicht laut flattert. Vor dem Putt sollte man sicherstellen, daß sich die Fahne gut aus dem Loch lösen läßt. Durch seitliche Verkantung, Schmutz und Steine läßt sie sich

Nach dem Spiel bedankt man sich grundsätzlich bei jedem Mitspieler

53

manchmal nur schwer herausziehen. Es wäre sehr unangenehm, wenn der Ball des Spielers die Fahnenstange trifft und er dafür zwei Strafschläge erhält, weil sich die Stange in der Eile während des Putts nicht lösen ließ. Um dem vorzubeugen, wird die Fahne herausgenommen, gleich nachdem der Spieler seinen Ball getroffen hat. Nach dem Bedienen wird die Fahne nicht sofort an den Grünrand gelegt, sondern man fragt den Spieler, der als nächster an der Reihe ist, ob er die Fahne noch benötigt. Wenn nicht, wird die Fahne

Die Fahne wird mit ausgestrecktem Arm bedient. Man stellt sich so, daß der Schatten nicht auf die Puttlinie fällt. Nach dem Bedienen (o.) sollte die Fahne nicht fallen gelassen werden (r.)

auf das Grün gelegt. Es ist
nicht erforderlich, die Fahne
bis zum Grünrand zu tragen.
Das kostet nur Zeit, und das
Grün wird nicht beschädigt,
wenn die Fahne vorsichtig
auf den Boden gelegt wird.

Wenn mit Caddies gespielt
wird, steckt jener Caddie die
Fahne wieder ins Loch, dessen Spieler als letzter geputtet
hat. Wird ohne Caddies gespielt, so steckt ein Mitspieler
die Fahne ins Loch. Wird
dies dem Spieler, der als letzter geputtet hat, überlassen,
dauert es viel länger. Beim
Einsetzen der Fahne muß
außerdem darauf geachtet
werden, daß der Lochrand
nicht beschädigt wird.

Wenn im Winter auf Som-
mergrüns gespielt wird, gilt
manchmal noch folgende
Regelung: Es werden zwei
Löcher gesteckt und die
Fahnenposition wird nach
jeder Spielgruppe geändert,
damit sich die Trittbelastung
besser verteilt.

Genau wie bei den langen
Schlägen darf man sich beim
Schlag eines Mitspielers nicht
in die Verlängerung seiner
Spiellinie stellen. Ideal steht
man auch hier vis-à-vis
oder hinter seinem Rücken.
Ebenso unhöflich ist es, sich
während der Putts der Mitspielers zu bewegen, um zum
Beispiel Probeschwünge
auszuführen.

Nach dem Einlochen
nimmt man den Ball sofort
aus dem Loch heraus. Ein
Mitspieler, der seinen Ball ins
Loch puttet, obwohl darin
noch ein Ball liegt, kann zwar
nicht für das Treffen eines
fremden Balles vom Grün aus
mit zwei Strafschlägen be-
straft werden, aber viele Golfspieler sind abergläubisch und
glauben, ihr Ball werde nicht
ins Loch fallen, wenn das
schon „voll" ist. Um sich hier
Vorwürfe zu ersparen, nimmt
man den Ball sofort nach dem
Einlochen aus dem Loch
heraus, wobei man natürlich
darauf achtet, in keine Puttlinie zu treten.

Sobald man eingelocht hat,
bleibt man noch auf oder in
der Nähe des Grüns stehen
und wartet, bis alle Spieler
eingelocht haben. Während
der Wartezeit schreibt man
schon den Score auf.

*Nach dem Ein-
lochen nimmt
man den Ball
unverzüglich
aus dem Loch*

Regeln

Auf dem Grün darf man den Ball aufnehmen und reinigen – vorher muß er jedoch markiert werden. ...

Sobald alle Bälle auf dem Grün liegen, werden sie markiert. Die Regel erlaubt es, den Ball mit einem flachen Gegenstand zu markieren, um ihn zu reinigen und damit er die anderen Spieler beim Putten nicht stört. Man kann hierzu eine Münze verwenden oder den abnehmbaren Knopf, der sich an jedem Handschuh befindet. Ideal sind spezielle Ballmarker, die einen kleinen Stil besitzen, mit dem man sie in den Boden drückt, und eine flache Oberfläche, damit ein darüberrollender Ball nicht abgelenkt wird. Befindet sich eine Markierung direkt in der Puttlinie eines Mitspielers, wird der Ball „zur Seite markiert". Dabei geht man wie folgt vor: Zuerst wird der Ball wie üblich markiert, indem man die Markierung vom Loch aus gesehen hinter

56

... Hierzu legt man einen Ballmarker vom Loch aus gesehen hinter den Ball

den Ball legt. Dann hebt man den Ball auf. Nun wird der Ballmarker um jeweils eine Putterkopfbreite zur Seite verschoben. Hierbei richtet man den Putter auf ein Ziel aus, damit man beim Zurückmarkieren die gleiche Richtung findet. Sobald man seinen Ball dann spielen will, muß man die Prozedur in umgekehrter Reihenfolge wiederholen.

Auf dem Grün

▶ *Auf dem Grün kann man durch zügiges und überlegtes Spiel am meisten Zeit sparen*
▶ *Treten Sie nicht in die Puttlinien der Mitspieler*
▶ *Fahren Sie mit Ihrem Caddiewagen nicht über Vorgrüns*
▶ *Entfernen Sie Ihre eigenen Pitchmarken und, wenn vorhanden, auch fremde*

Nach dem Spiel

Schonung der Clubanlagen
Bevor Sie Ihren Caddiewagen
in der Caddiehalle abstellen
oder ihn auf den Parkplatz
ziehen, sollten Sie ihn reinigen. Besonders bei feuchtem
Gras sammeln sich Grasreste
und Dreck an den Reifen, die
man auf dem Asphalt verliert.
Deshalb gibt es in allen
Clubs eine Stelle, an der man
Schläger und Caddiewagen
reinigen kann. Für die Caddiewagen gibt es meist ein
kleines Bassin, das mit Wasser gefüllt ist und durch das
man den Wagen hindurch-
zieht.

Für Schläger gibt es meist
ein größeres Waschbecken
sowie Bürsten und Hand-
tücher. Reinigen Sie Ihre
Schläger nach jedem Spiel,
damit sie länger halten. Daß
die Schläger nicht in der
Garderobe des Clubhauses
gesäubert werden dürfen,
versteht sich von selbst.
Golfschläger werden nie ins
Clubhaus, ins Restaurant
oder in den Pro-Shop mitgenommen. Wenn es stark ge-
regnet hat, sollten Sie die ab-
getrockneten Schläger über
Nacht nicht in der feuchten
Tasche lagern.

*Fast alle Golf-
clubs bieten
Möglichkeiten
zum Reinigen
des Caddie-
wagens*

Nach dem Spiel säubert man auch seine Schuhe. Hierzu gibt es in den Clubs besondere Bürsten; meist sogar elektrische Schuhreiniger. Nicht alle Clubhäuser dürfen mit Spikes betreten werden – beachten Sie hierzu die Hinweisschilder. In diesem Fall ist es dann auch keine adäquate Lösung, das Clubhaus in Socken zu betreten. Die Golfschuhe werden in der Garderobe aufbewahrt – nicht in der Caddiehalle.

Elektrische Schuhreiniger sind heutzutage in jedem Club zu finden

Rücksicht und Höflichkeit

Zu den unangenehmsten Golfern gehören die, die im Clubhaus beginnen, ihre Runden zu schildern. Es interessiert wirklich niemanden, ob Sie am achten Loch eine neun gespielt haben, obwohl Sie das Loch sonst immer Par spielen.

Wenn Sie gefragt werden, wie Sie gespielt haben, nennt man am besten das Ergebnis im Verhältnis zum Handicap. Wenn keine weiteren Fragen kommen, reicht das. Peinlich wirken Erklärungsversuche wie: „Am zwölften hatte ich jedoch unglaubliches Pech, weil mein Ball im Semi-Rough verloren ging." Antworten auf die Frage nach dem Spiel wie: „Wenn ich die letzten drei Löcher nur normal beendet hätte, hätte ich zwei unterspielt." wirken ge-

nauso lächerlich. Stehen Sie zu Ihrem Resultat und verschonen Sie die anderen mit Einzelheiten. Das Erzählen macht zwar Spaß – das Zuhören jedoch nicht. Wirklich seltene Vorkommnisse wie zum Beispiel ein Hole-in-One kann man natürlich erwähnen. In diesem Fall wird im Clubhaus ohnehin eine Runde für alle fällig.

Nach dem Spiel

....

▶ *Reinigen Sie nach der Runde Schuhe, Schläger und Caddiewagen*
▶ *Nehmen Sie Ihre Golftasche nie mit ins Clubhaus oder in den Pro-Shop*
▶ *Schildern Sie im Clubhaus nicht jeden Schlag Ihrer Runde*

....

VERHALTEN
BEIM WETTSPIEL

*Wettspiele sind die
wahre Herausforderung
im Golf. Da man hier
zusammen mit fremden
Golfern spielt, hat die
Etikette einen noch
höheren Stellenwert.*

Beim Wettspiel

Um herauszu-finden, wie gut das eigene Spiel wirklich ist, muß man Turniere spielen. Des-halb sind Golf-Turniere bei Hobbygolfern sehr beliebt

Ben Hogan hat einmal ge-schrieben: „Golf und Turnier-golf können so unterschied-lich sein wie Tennis und Eis-hockey." Wenn Sie sich für ein Wettspiel anmelden, so sollten Sie auch die erforder-liche Spielstärke besitzen. Jemand, der gerade erst seine Platzreife knapp bestanden hat, sollte sein Spiel erst ein-mal beim Training festigen. Es ist eine Zumutung für die Mitspieler, wenn ein Turnier-teilnehmer jeden Ball toppt, unzählige Schläge benötigt und so das Spiel verzögert.

Regeln

Eine weitere Voraussetzung für die Teilnahme bei einem Turnier ist die Beherrschung der Grundregeln. Natürlich können Sie nicht jede Regel im Detail kennen. Anderer-seits kann man auch nicht bei jedem häufig vorkommenden Ereignis im Regelbuch nach-schlagen, das sich grundsätz-lich in jeder Golftasche befinden sollte.

Fragen wie die folgenden sollten Sie auch ohne Regel-buch sicher beantworten können:

▶ Wann wird ein provisori-scher Ball gespielt?

▶ Was sind Hemmnisse und Hindernisse?

▶ Was passiert, wenn man auf dem Grün einen fremden Ball oder den Flaggenstock trifft?

▶ Nennen Sie die drei bezie-hungsweise fünf Möglichkei-ten, den Ball aus frontalem oder seitlichem Wasser zu spielen.

▶ Welche drei Möglichkeiten gibt es, einen Ball für unspiel-bar zu erklären?

▶ Wie verfährt und zählt man, wenn der Ball jenseits von weißen oder innerhalb von blauen Pfählen landet?

Falls Sie bei der Beantwor-tung dieser Fragen Schwierig-keiten hatten, ist nicht das Turnier, sondern der Regel-abend die richtige Veranstal-tung für Sie.

Meldung

Welche Turniere in Ihrem Club stattfinden, erfahren Sie aus dem Wettspielkalender. Es gibt auch Kalender für die offenen Wettspiele der Clubs in Ihrer Region. „Offen" bedeutet, daß auch Spieler fremder Clubs an diesen Wettspielen teilnehmen können, sofern sie über ein entsprechendes Handicap verfügen. Einige Wochen vor Beginn des Turniers wird dann zusammen mit der Turnierausschreibung eine Meldeliste ausgehängt. Bei Turnieren, bei denen die Startgebühr mit der Meldung entrichtet werden muß, kann man sich nur im Clubsekretariat anmelden. Die Turnierausschreibung enthält Informationen über die Art des Wettspiels (Zählspiel, Stableford, gegen Par etc.), die Startzeiten, die Teilnehmerzahl, die Meldegebühr, die Preise usw.

Es ist der Turnierleitung natürlich nicht möglich, irgendwelchen Wünschen, zum Beispiel bezüglich der Startzeiten nachzukommen. Kommentare auf der Meldeliste wie „bitte spät" oder „bitte nicht mit Herrn Meier" können nicht berücksichtigt werden, da das Anfertigen der Startliste mit unzähligen Sonderwünschen sonst unmöglich würde.

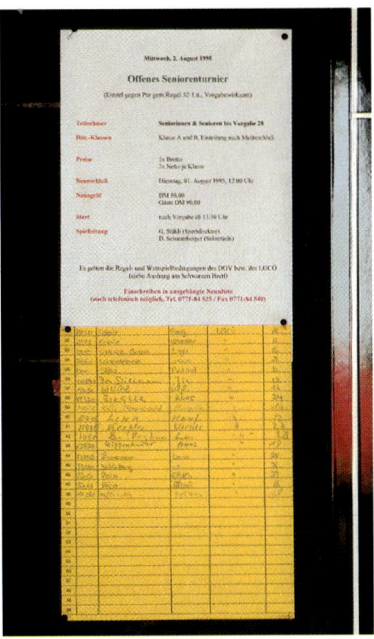

Mit dem Eintragen in die Meldeliste hat man sich verbindlich für das jeweilige Turnier angemeldet

Geschwindigkeit

Bei Turnieren mit bis zu 150 Teilnehmern ist Pünktlichkeit und schnelles Spiel die unbedingte Voraussetzung für einen reibungslosen Ablauf.

Sie sollten Ihren Tag so planen, daß Sie eine Stunde vor Ihrer Abschlagzeit im Golfclub ankommen - so haben Sie genügend Zeit für die Vorbereitung Ihrer Runde und es kommt keine unnötige Hektik auf. Der erste Weg führt ins Sekretariat, wo Sie sich anmelden, gegebenenfalls Ihr Startgeld bezahlen und die Score-Karte in Empfang nehmen. Manchmal gibt es die Score-Karten auch erst am ersten Abschlag.

63

Damit man den eigenen Ball problemlos identifizieren kann, versieht man ihn mit einer persönlichen Markierung

Nach dem Aufwärmen und Einspielen findet man sich gute fünf Minuten vor der Startzeit am Abschlag ein. Noch bevor man an der Reihe ist, hält man Schläger, Tee, Ball und Ersatzball bereit.

Ihre Bälle müssen Sie mit einer persönlichen Kennzeichnung versehen, damit Sie Ihren Ball auch identifizieren können, wenn er neben einem Ball gleicher Marke und Nummer landet. Der Ersatzball muß eine andere Nummer haben als der erste Ball.

Folgendes Zubehör sollte sich griffbereit in der Hosentasche befinden:

▶ **Tees**
▶ **Pitchmarkgabel**
▶ **Ballmarker**
▶ **Score-Karte**
▶ **Bleistift**

Wenn Ihnen ein Ersatzball in der Hosentasche zu sperrig ist, muß er griffbereit in der Golftasche sein.

Rücksicht und Höflichkeit

Nicht selten trifft man auf Golfer, die aus Nervosität in den Hosentaschen kramen und ihre Mitspieler so beim Abschlag stören. Sollten Sie einen solchen Spieler in Ihrer Gruppe haben, machen Sie ihn höflich auf die Störung aufmerksam.

Wer einmal bei einem Wettspiel Score-Karten ausgewertet hat und miterleben mußte, in welcher Form diese oftmals abgegeben werden, wird sich in Zukunft wahrscheinlich mehr Mühe beim Eintragen der Ergebnisse und Aufbewahren der Karte geben. Wenn es stark regnet und abzusehen ist, daß man die Karte nicht trocken halten kann, schreibt man die Ergebnisse während der Runde auf eine zweite Karte und überträgt sie nachher in das Original.

Fehlerhafte Eintragungen auf der Originalkarte darf man nicht überschreiben, sondern man streicht sie durch und trägt das korrigierte Ergebnis mit Unterschriftskürzel direkt daneben ein. Beim Abgeben der Score-Karte sollten Sie die Turnierauswertung nicht stören, denn je weniger diese bei der Arbeit gestört wird, desto schneller kann die Siegerehrung vorgenommen werden.

Die Preisverteilung ist eine Pflichtveranstaltung für alle Teilnehmer des Turniers - auch für die, die nichts gewonnen haben. Sie wären ebenso enttäuscht, wenn außer den Golfern, die Preise erhalten, niemand Ihrer Siegerehrung beiwohnen würde. Preise werden natür-lich sofort an den Nächstplazierten verteilt, wenn der Empfänger nicht anwesend ist. Der Bruttosieger des Turniers hält eine kurze Rede, in der er sich bei der Turnierleitung, dem Sponsor, den Platzarbeitern und allen anderen, die bei der Organisation des Turniers mitgeholfen haben, bedankt. Wenn kein Bruttopreis ausgespielt wird, fällt diese Aufgabe an den Sieger des Nettopreises.

Der Gewinner eines Turniers hält bei der Preisverteilung eine kurze Rede

Beim Wettspiel

....

▶ *Melden Sie sich nur bei Turnieren an, wenn Ihre Regelkenntnisse und Ihre Spielstärke dazu ausreichen*
▶ *Kommen Sie mindestens eine Stunde vor Ihrer Startzeit auf den Golfplatz*
▶ *Füllen Sie Ihre Score-Karte leserlich aus*
▶ *Der Bruttosieger hält bei der Preisverteilung eine kurze Ansprache*

....

HINWEISE ZUR BENUTZUNG VON GOLF-CARTS

Beim Spiel auf ausländischen Plätzen sind Golf-Carts oft obligatorisch. Ihre Handhabung erfordert einige Übung.

*In Deutschland
werden Golf-
Carts noch nicht
von Spielern
benutzt; im Aus-
land, besonders
in Amerika,
kommt man aber
beim Spiel auf
einigen Plätzen
gar nicht daran
vorbei*

Golf-Carts

In Amerika sind Golf-Carts sehr populär – weniger, weil man damit schneller spielen könnte, sondern einfach, weil es für den Betreiber der Golfanlage eine zusätzliche, lukrative Einnahmequelle darstellt. Von den mitunter sehr bewegungsscheuen Amerikanern wird das sehr gerne genutzt. Bedauerlich finde ich es jedoch, wenn die Benutzung eines Carts obligatorisch ist und es den Spielern auf manchen Plätzen nicht mehr freisteht, zu laufen. Der sportliche Aspekt des Golfspiels reduziert sich so fast auf null. Sinnvoll sind Carts für Gehbehinderte, die sonst gar nicht Golf spielen könnten.

Sicherheit

Da es immer wieder, zum Teil auch schwere, Unfälle mit Golf-Carts gibt, müssen Sie vor Gebrauch des Carts die Sicherheitsbestimmungen lesen, die sich am Cart befinden. Meist sind es solche Hinweise:

▶ Stellen Sie sich nie vor oder hinter ein Golf-Cart

▶ Benutzen Sie mit dem Golf-Cart keine öffentlichen Straßen

▶ Befördern Sie nicht mehr als zwei Personen je Sitzbank

▶ Vergewissern Sie sich, daß die Golftaschen mit den vorgesehenen Schnallen gesichert sind

▶ Starten Sie das Golf-Cart erst, wenn alle Insassen sitzen

▶ Bedienen Sie das Golf-Cart nur von der Fahrerseite

▶ Stehen Sie nicht auf, bevor das Fahrzeug steht

▶ Das Fahrzeug muß vollständig stehen, bevor man vom Vorwärts- in den Rückwärtsgang wechselt und umgekehrt

▶ Fahren Sie in Kurven besonders langsam

▶ Befahren Sie Hügel langsam und im rechten Winkel

▶ Benutzen Sie – wenn möglich – die ausgewiesenen Wege für Golf-Carts

▶ Betätigen Sie die Parkbremse, wenn Sie das Golf-Cart verlassen

▶ Stellen Sie die Automatikschaltung auf „neutral", wenn Sie das Golf-Cart nicht benutzen

▶ Ziehen Sie den Schlüssel heraus, wenn Sie das Fahrzeug nicht benutzen

Schonung des Platzes

Golf-Carts stellen für den Rasen eine große Belastung dar, weil sie das Erdreich verdichten. Im eigenen Interesse sollten Sie daher die Hinweise zur Schonung des Platzes beachten.

Auf vielen amerikanischen Plätzen befindet sich ein Schild mit der Aufschrift: »90° Rule – Path only«. Ein Zeiger gibt an, welche der beiden Regeln gerade angewandt wird.

»90° Rule« bedeutet, daß man mit dem Golf-Cart bis auf Höhe des Balles auf den für Carts ausgewiesenen Wegen fährt und dann in einem Winkel von 90° zum Ball fährt. Hierdurch wird die Strecke, die das Cart auf dem Rasen zurücklegt, so kurz wie möglich gehalten.

»Path only« bedeutet, daß das Cart die Wege nicht verlassen darf und man zu Fuß zum Ball läuft. Diese Regel tritt meist an Regentagen in Kraft, wenn der Boden so aufgeweicht ist, daß das Cart auf dem Rasen zu große Schäden verursachen würde.

69

GOLF-CARTS

Aufgrund ihres relativ hohen Gewichts belasten Golf-Carts die Rasenflächen sehr stark. Halten Sie diese Belastungen daher durch umsichtiges Benutzen des Carts möglichst gering

Fahren Sie grundsätzlich keine scharfen oder schnellen Kurven, da die Reifen sonst Gras aus dem Boden herausreißen. Aus dem gleichen Grund sollten Sie auch nasse Stellen auf dem Platz weiträumig umfahren.

Auf den Plätzen, auf denen Divots mit Sand aufgefüllt werden müssen (siehe hierzu auch Seite 33 f.), befinden sich am Golf-Cart kleine Behälter mit einer Sand-Dünger-Mischung.

Geschwindigkeit

Entgegen den Versprechungen der Verleiher gewinnen nur sehr gute Spieler Zeit durch die Benutzung eines Golf-Carts. Aus Kostengründen teilen sich meistens zwei Spieler ein Cart, und wenn die Spieler dann in unterschiedliche Richtungen schlagen, geht durch das anschließende Zick-Zack-Fahren mehr Zeit verloren als man durch die höhere Geschwindigkeit des Carts gewinnt.

Um unnötige Wege zu vermeiden, sollten Sie eine Spielgruppe mit vier Spielern möglichst so auf die Carts verteilen, daß jeweils die Slicer und die Hooker zusammen fahren.

Als Rechtshänder fährt man so zu seinem Ball, daß das Cart in Zielrichtung gesehen auf der rechten Seite parkt – bei Linkshändern ist es umgekehrt.

Kann oder darf man mit dem Cart nicht bis zum Ball fahren, nimmt man sich mehrere Schläger zum Ball mit. Wenn man nach dem Schlag wieder zum Auto geht, wird der Schläger nicht wieder in die Tasche gesteckt, sondern man behält ihn in der Hand und steckt ihn dann erst in die Tasche, wenn man den Schläger für den nächsten Schlag herausholt. Das spart einen Weg und damit Zeit.

Benutzen Sie zum Harken der Bunker die Harke, die sich am Golf-Cart befindet.

Rücksicht und Höflichkeit

Fahren Sie nicht mit dem Golf-Cart, während ein Mitspieler schlägt. Auch die Bremse darf man nicht während des Schlages oder der Vorbereitung lösen, da dies meist ein lautes Geräusch verursacht.

Golf-Cart

....

▶ *Beachten Sie die Sicherheitsvorschriften, die sich am Cart befinden*
▶ *Der Golfplatz darf durch den Gebrauch der Golfwagen nicht unnötig belastet werden*
▶ *Denken Sie beim Umgang mit dem Golf-Cart voraus, damit die Runde nicht länger dauert als ohne*
▶ *Beachten Sie die Hinweisschilder „90° Rule" beziehungsweise „Path only"*

....

71

TIPS FÜR DEN GOLFUNTERRICHT

*Bei diesem schwierigen
Sport führt am Unter-
richt kein Weg vorbei.
Je nach Club und
Lehrer sind die
Modalitäten jedoch
sehr unterschiedlich.*

Wie kommt man zu gutem Unterricht?

Da es im Golf noch keine einheitliche Techniktheorie, und Lehrmethode gibt, sollten Sie, wenn Sie einen Lehrer gefunden haben, mit dem Sie gut zurechtkommen, diesen nicht mehr wechseln.

Immer populärer wird Gruppenunterricht. Diese Art des Unterrichts bietet sich im Golf besonders an, weil der Schüler nach jeder Korrektur genügend Zeit hat, diese zu trainieren. Nach einer Weile kann der Lehrer die Änderungen dann überprüfen.

Beim Einzelunterricht kommt es häufig zu einer Überforderung des Schülers durch zu viele Korrekturen innerhalb kurzer Zeit. Wenn die Analyse erfolgt ist und der Schüler die Korrekturen mit Erfolg umsetzen kann, sollte er diese erst einmal eine Zeitlang einüben können. Sind zu dieser Zeit erst fünfzehn Minuten vergangen, beginnen viele Lehrer schon mit der nächsten Korrektur – auch wenn es dafür noch zu früh ist. Das reine Überwachen des Trainings ist für die meisten Lehrer nämlich langweilig.

Machen Sie nicht den Fehler, den Lehrer ausschließlich nach seinen spielerischen Qualitäten zu beurteilen. Golf spielen und Golf unterrichten sind zwei grundverschiedene Dinge. Reine Playing-Pros verstehen vom Golfschwung in der Regel nicht mehr als Vögel von Aerodynamik.

Vor dem Unterricht

Im Sekretariat erfahren Sie, wo Sie Ihre Stunde buchen können. Entweder direkt dort, beim Golflehrer selbst oder Sie tragen sich in einem Stundenbuch ein, das manche Golflehrer im Clubhaus auslegen. Erfragen Sie auch, wann und wo die Stunde bezahlt werden muß.

Informieren Sie sich im Sekretariat außerdem darüber, ob man die Bälle selber mitbringen muß oder ob sie zum Unterricht gestellt werden. Fragen Sie bei dieser Gele-

Um sich kontinuier-
lich zu verbessern,
führt – egal ob
Anfänger, Fortge-
schrittener oder
Profispieler – kein
Weg am Golflehrer
vorbei

GOLFUNTERRICHT

genheit auch nach dem Treffpunkt.

Erscheinen Sie pünktlich
am verabredeten Ort.
Ein Tip: Kommen Sie etwa
eine halbe Stunde vor der
vereinbarten Zeit auf die
Driving-Range, damit Sie
sich gezielt aufwärmen und
einschlagen können und diese
Zeit nicht von Ihrem Unterricht abgeht.

*Kommen Sie
etwas vor der
verabredeten
Zeit zum
Treffpunkt, ...*

*... damit Sie sich
vor der Stunde
noch aufwärmen
und einschlagen
können*

Während des Unterrichts

Ein guter Lehrer wird dem fortgeschrittenen Golfer, in der ersten Stunde folgende Fragen stellen:

▶ Wie lange spielen Sie schon Golf?

▶ Wie oft spielen Sie in der Woche Golf?

▶ Welche anderen Sportarten betreiben Sie?

▶ Wie oft haben Sie in der Vergangenheit Unterricht genommen?

▶ Was wollen Sie beim Golf erreichen?

▶ Wo liegen Ihre Stärken und Schwächen?

▶ Welche Anweisungen erhielten Sie von Ihrem vorigen Lehrer?

▶ Wie haben sich die Anweisungen ausgewirkt?

Je genauer Sie antworten, desto schneller und besser wird die Diagnose und desto schneller kann sich der Erfolg einstellen.

Viele Golfer tun sich schwer, sich erst einmal wieder in die Position des Lernenden einzufinden, weil sie im Alltag vielleicht ständig selbst Anweisungen geben.

Folgende Dinge sollten Sie beim Lernen beachten:

▶ Sie müssen die Korrekturen des Lehrers bei allen Schwüngen ausführen, denn es ist ein weitverbreiteter Irrglaube, daß man nur die Schwünge bei den schlechten Schlägen korrigieren muß. Bei Videoanalysen sehen alle Schwünge gleich aus - auch die Probeschwünge.

▶ Beim Ausführen aller Korrekturen müssen Sie immer das Gefühl haben, die Anweisungen stark zu übertreiben, denn das Gefühl ist nicht objektiv und selbst eine noch so geringfügige Änderung fühlt sich zu Anfang extrem an.

▶ Versuchen Sie auch nicht, Ihr Bewegungsgefühl anderen Golfern zu vermitteln, nur weil Ihnen damit sehr gute Schläge gelingen. Es gibt im Golf keine Korrektur, die für jeden richtig ist. So kann zum Beispiel der „Schwunggedanke", mit dem Nick Faldo die Masters gewonnen hat, für Sie völlig unbrauchbar sein.

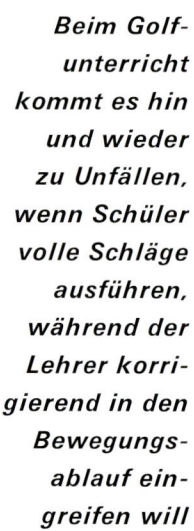

Beim Golf-unterricht kommt es hin und wieder zu Unfällen, wenn Schüler volle Schläge ausführen, während der Lehrer korri-gierend in den Bewegungs-ablauf ein-greifen will

Sicherheit

Denken Sie während des Unterrichts stets daran, daß sich der Golflehrer in Ihrer unmittelbaren Nähe befindet. Seien Sie also beim Schwingen des Schlägers besonders vorsichtig. Es sind durch Unachtsamkeit schon viele Golflehrer verletzt worden.

Führen Sie die Anweisungen des Lehrers exakt aus. Viele Unfälle passieren zum Beispiel, wenn der Golflehrer den Schüler bittet, im höchsten Punkt des Ausholens anzuhalten, und dieser trotzdem einen vollen Schwung ausführt.

Nach dem Unterricht

Nach der Golfstunde sollten Sie sich die Korrekturen notieren, damit Sie sich auch nach einer Pause wieder daran erinnern können. Beim Unterricht stelle ich immer wieder fest, daß nur wenige Schüler, eine (richtige) Antwort geben können, wenn sie nach den letzten Korrekturen gefragt werden. Wie soll man Korrekturen umsetzen, wenn man sich nicht einmal an sie erinnern kann?

Ich bin daher dazu übergegangen, meinen Schülern Videokassetten mitzugeben, auf die ich während der Stunde die Zeitlupen- und Einzelbildanalysen der Schwünge zusammen mit meinen Kommentaren und Korrekturen aufgenommen habe.

Machen Sie nach der Unterrichtsstunde eine kurze Pause und üben Sie danach weiter. Die Zeit nach der Stunde kann sehr effektiv genutzt werden, weil die Korrekturen noch in frischer Erinnerung sind. Es ist nicht ideal, nach der Stunde eine Runde auf dem Platz zu spielen. Auf dem Platz soll das Spiel und nicht der Schwung im Vordergrund stehen.

Golfunterricht

▶ *Klären Sie Treffpunkt, Verfahren mit Leihschlägern, Bezahlung etc. vor dem Unterricht*
▶ *Vor dem Unterricht sollten Sie sich aufwärmen und einschlagen*
▶ *Üben Sie auch nach dem Unterricht noch weiter, und gehen Sie nicht gleich auf den Platz*

ANHANG

Die Sprache der
Golfer ist nicht weniger
kompliziert als das
Fachchinesisch von
Wissenschaftlern
und bedarf in den
meisten Fällen weiterer
Erklärung

Am Clubhaus
oder in der
Nähe des ersten
Abschlags
befinden sich
oft Hinweis-
tafeln, die über
täglich wech-
selnde Dinge
informieren

Bibliographie

Literatur zum Thema

Deutscher Golf Verband e.V. (Hrsg.): Das Standard- und Vorgabensystem. Nach den Bestimmungen des Council of National Golf Unions (CONGU). Hamburg o.J.

Dobereiner, P.: Golfregeln erklärt. Gräfeling 1992

Müller, I.-G.: Etikette auf dem Golfplatz warum?. Hamburg 1992

Royal & Ancient Golf Club of St. Andrews/Deutscher Golf Verband e.V. (Hrsg.): Golfregeln. Hamburg 1992

Royal & Ancient Golf Club of St. Andrews (Hrsg.): Illustrierte Golfregeln. Hamburg o.J.

SportRegeln Golf. Die wichtigsten Regeln. Wissenswertes von A bis Z. Niedernhausen/Ts. 1993

Watson, T.: Golfregeln. Illustriert, erläutert, interpretiert. Hamburg o.J.

Weiterführende Literatur

Balk, A.: Stretching. Niedernhausen 1994

Balk, A.: Funktionelles Körpertraining. Niedernhausen 1993

Ballreich, R./Kuhlow, A. (Hrsg.): Biomechanik der Sportspiele. Teil 1: Einzel- und Doppelspiele. Stuttgart 1992

Budinger, H./Koch, H.: Kinder- und Jugendtraining. Wiesbaden 1994

Grass, A./Wiesenhofer, H.: Golf ohne Handicap. Wien 1991

Heuler, O.: Golf-Technik mit System. Villingen-Schwenningen 1991

Heuler, O.: Golf – Neue Wege zum erfolgreichen Spiel. Niedernhausen 1993

Heuler, O.: FALKEN Golf Praxis: Das kurze Spiel. Niedernhausen 1995

Heuler, O.: FALKEN Golf Praxis: Der Schwung Niedernhausen 1994

Heuler, O.: FALKEN Golf Praxis: Golf für Einsteiger. Niedernhausen 1995

Hüpper, G.: Handbuch des Golfspiels. Königswinter 1988

Jacobs, J./Bowden, K.: Golfen leicht gemacht. Hamburg 1993

Jacobs, J./Bowden, K.: Golf-Praxis. Hamburg 1985

Jacobs, J./Bowden, K.: Golf ohne Fehler. Hamburg 1985

Kaiser, U.: Golf Know-how von A–Z. München 1994

Leadbetter, D.: Alles über Schlag und Schwung. Hamburg 1991

Letzelter, H./Letzelter, M.: Leistungsdiagnostik im Golf. Ahrensburg 1992

Nicklaus, J.: Das Buch der 1000 Tips. Hamburg 1981

Runyan, P.: Das kurze Spiel – Ihr Weg zum Erfolg. Starnberg 1979

Saunders, V.: Das Golf-Handbuch. Hamburg 1989

Stemper, Th./Wastl, P.: Circuittraining. Funktionelle Übungen und Fitneß-programme. Niedernhausen 1994

Watson, T.: Das kurze Spiel. Hamburg 1986

Glossar

Abschlag: (eng.: tee) Startplatz jeder einzelnen →Spielbahn. Der A. ist meist eine erhöhte, ebene und rechtwinklig angelegte Rasenfläche, deren Vorder- und Seitenbegrenzungen durch die Außenseiten von 2 Abschlagmarkierungen bezeichnet werden. Ein Ball darf niemals vor oder außerhalb der Markierungen abgeschlagen werden, aber auch nicht mehr als 2 Schlägerlängen dahinter. Ein Ball befindet sich außerhalb des A., wenn er in vollem Umfang außerhalb liegt. Es gibt A. für Damen, Herren und Pros, die sich durch die Distanz zur Fahne unterscheiden, wobei der Pro-A. am weitesten entfernt ist

Albatros: (engl.: albatross) Drei Schläge unter →Par des Lochs. Andere Bezeichnung: →double eagle

Annäherung: Kurzer Schlag zum Grün

Ansprechen: Man hat seinen Ball angesprochen, wenn man die Schlagposition eingenommen und den Schläger aufgesetzt hat. In einem →Hindernis hat der Spieler mit Einnehmen des Standes den Ball bereits angesprochen. Die →Etikette sieht beim A. ein Sprechverbot vor, zudem sollte alles unterlassen werden, was den Spieler in seiner Konzentration stören könnte

As: (engl.: hole-in-one) Mit dem →Abschlag den Ball direkt in das Loch spielen

Aus: (engl. out of bounds) Fläche, auf der nicht gespielt werden darf. Sie wird durch Zäune oder weiße Pfosten gekennzeichnet

Back-Nine (Front-Nine): Früher wurden Golfplätze so gebaut, daß man sich beim Spiel der ersten neun Löcher vom Clubhaus entfernte und bei den zweiten neun Löchern wieder in Richtung Clubhaus spielte. Daher findet man auch heute noch häufig die Bezeichnung „Out" für die ersten und „In" für die zweiten neun Löcher. Inzwischen werden aber alle Golfplätze so gebaut, daß man sich nach neun Löchern wieder am Clubhaus befindet, um so auch halbe Runden und den Start von zwei Abschlägen (Loch 1 und 10) bei Turnieren zu ermöglichen

Ballposition: Die Lage des Balles zur Standposition. Sie hängt von der Schlägerlänge und Schlagart ab

Belehrung: Hinweis an einen Spieler, was die Wahl eines Schlägers oder die Ausführung eines Schlages bzw. die Spielweise betrifft. Ein solcher Ratschlag darf nur von seinem → Caddie oder Mitspieler erfolgen. Eine Unterweisung in Regelfragen oder eine Information über allgemein Kenntliches wie beispielsweise die Lage von → Hindernissen oder die Position des Flaggenstocks auf dem → Grün zählt nicht als B.

Birdie: [engl.] Ein Schlag unter Par des jeweiligen Lochs

Boden in Ausbesserung: (engl.: ground under repair) Ein auf Anordnung der Spielleitung oder deren Befugten gekennzeichneter Teil des Platzes. Zur Beseitigung angehäuftes Material, von Platzpflegern gemachte Löcher zählen ebenfalls zum B.i.A. Dieser muß durch blaue Pfosten und Linien gekennzeichnet sein

Bogey: [engl.] Ein Schlag über → Par des jeweiligen Lochs

Break: [engl.] Neigung eines → Grüns (→ Lesen des Grüns)

Bruttoergebnis: Gesamtzahl der für eine Runde benötigten Schläge vor Abzug des → Handicaps

Bunker: Vertiefung im Boden, die meist mit Sand gefüllt ist. B. zählen nach den Regeln zu den → Hindernissen

Caddie: [engl.] Der C. trägt die Golftasche bzw. zieht den Golfwagen des Spielers. Darüber hinaus achtet er auf den Ball und berät den Spieler, z.B. bei der Schlägerwahl

Carry: [engl.] Entfernung, die der Ball nach dem Schlag in der Luft zurücklegt

Chip: [engl.] Kurzer Annäherungsschlag zum → Grün mit niedriger Flugbahn und langem Lauf auf dem Grün

Clubs: [engl.] Bezeichnung für die Schläger

Council of National Golf Unions (CONGU): C. ist der Dachverband der Golfverbände von England, Schottland, Wales und Irland. Er wurde 1924 in York (England) gegründet, heutiger Sitz ist in Formby/Liverpool (England). 1926 brachte er erstmals das nach ihm benannte Standard- und Vorgabesystem (S-VS) heraus, das 1983 neu bestimmt und 1986 vom Deutschen Golfverband verbindlich übernommen wurde (→Vorgabeklassen)

Course: [engl.] Golfplatz

Decisions-Buch: im D. werden alle Regelentscheidungen zusammengefaßt, die aus dem Regelbuch nicht klar hervorgehen

Divot: [engl.] Herausgeschlagenes Rasenstück beim Schlag mit dem Eisen. D. müssen vom Spieler wieder eingesetzt und festgetreten werden

Double Eagle: Amerikanische Bezeichnung für →Albatros

Driving Range: [engl.] Übungsplatz/-wiese, auf der man gegen eine Gebühr Übungsbälle schlagen kann, ohne sie (in der Regel) nachher aufsammeln zu müssen

Eagle: [engl.] 2 Schläge unter →Par

Ehre: (engl.: honour) Das Recht, als erster zu spielen. Beim ersten →Abschlag des Spielers mit dem geringsten →Handicap oder der durch Losentscheid ermittelte; im weiteren Spielverlauf derjenige, der am vorhergehenden Loch die wenigsten Schläge hatte

Etikette: Neben den Regeln, die den Spielverlauf festlegen, ist die Etikette Grundlage für einen geordneten Spielbetrieb. Sie bestimmt die Umgangsformen der Spieler auf dem Golfplatz, d.h., wie Golfer miteinander und mit dem Platz umzugehen haben. Zur E. gehören alle Verhaltensregeln der Rücksichtnahme, der Fairneß und der Höflichkeit. Das Regelbuch unterteilt die Etikette in Korrektheit und Rücksichtnahme auf dem Platz, Vorrecht auf dem Platz und Schonung des Golfplatzes. Die E. wird wie die Regeln vom →Royal and Ancient Golf Club of St. Andrews und United States Golfers Association (USGA) festgelegt

Fairway: [engl.] Die gemähte →Spielbahn zwischen →Abschlag und →Grün

Flaggenstock: Zeigt weithin sichtbar die Lage des →Lochs auf dem →Grün an. Die Länge des Flaggenstocks beträgt 1,80 m, am oberen Ende befindet sich ein farbiger Wimpel

Flight: [engl.] Im deutschen Sprachraum Bezeichnung für eine Spielgruppe; im Englischen spricht man von „group"

Fore!: [engl.] Ausruf, um andere Golfer auf dem Platz zu warnen, daß sie in Gefahr sind, von einem Ball getroffen zu werden

Gelände: Gesamte Fläche des Platzes, ausgenommen der →Abschlag und das →Grün des bespielten Loches sowie sämtliche Hindernisse auf dem Platz

Greenfee: [engl.] Gebühr, die ein Spieler für die Benutzung eines fremden Platzes entrichten muß

Greenkeeper: [engl.] Platzwart. Person, die für die Pflege des Golfplatzes verantwortlich ist

Grün: (engl.: green) Die kurzgeschnittene Rasenfläche um das Loch, die besonders präpariert ist und auf der geputtet wird

Hacker: Häufig verwendete, scherzhafte Bezeichnung für einen spielschwachen Golfer

Handicap: [engl.] Vorgabe. Das Maß für die Spielstärke eines Spielers. Die Differenz zwischen dem →Par eines Platzes und den benötigten Schlägen, d.h. das Mehr an Schlägen, ergibt das H. eines Spielers. Je niedriger das H. ist, um so besser ist ein Spieler. Das H. gewährleistet, daß Spieler unterschiedlicher Spielstärke zu gleichen Bedingungen in einem Wettkampf miteinander konkurrieren können

Handicap-Ausweis: Der H. ist in Deutschland gleichzeitig Clubausweis und weist den Inhaber als Golfer aus, was beim Spiel auf fremden Plätzen wichtig ist

Head-Pro: Wenn es in einem Golfclub mehrere Professionals gibt, wird der →Pro, der den Pro-Shop leitet oder besitzt, als Head-Pro bezeichnet (→Playing-Pro/→Teaching-Pro)

Hindernis: H. sind Wasserhindernisse (stehende oder fließende Gewässer) und →Bunker. Im Hindernis dürfen keine Übungsschläge ausgeführt werden, Übungsschwünge, bei denen der Schläger den Boden nicht berührt sind dagegen erlaubt

Kurzes Spiel: Annäherungsschläge (→Bunkerschlag, →Pitch, →Chip) zum →Grün und das Putten

Lesen des Grüns: Betrachten und Bewerten der Grasbeschaffenheit bezüglich seines Wuchses und Länge sowie der Neigung des →Grüns vor dem Putten (→Break)

Loch: Die Maße des Lochs sind genormt. Es muß im Durchmesser 108 mm (4,25 Inch) groß und mindestens 100 mm (4 Inch) tief sein. Der Begriff L. wird auch für die gesamte →Spielbahn zwischen →Abschlag und L. benutzt

Matched Set: [engl.] Schlägerset, das bezüglich Länge, Loft, Schwunggewicht etc. der einzelnen Schläger aufeinander abgestimmt ist

Nettoergebnis: →Bruttoergebnis abzüglich der →Vorgabe

Par: [engl.] Durchschittsergebnis eines Professionals (Professional Average Result) beziehungsweise Schlagvorgabe eines Lochs oder einer Runde. Hält ein Spieler die vorgegebene Schlagzahl eines Loches ein, so hat er P. gespielt. Das P. ergibt sich aus der Länge der Spielbahn.

Par 3: bis 228 m (Herren), bis 201 m (Damen); Par 4: 229-434 m (Herren), 202-382 m (Damen); Par 5: ab 435 m (Herren), ab 383 m (Damen). Die Summe der einzelnen P. ergibt das P. für den Platz. In der Regel beträgt das Gesamt-P. eines 18-Loch-Platzes 70-74 Schläge

Pitch: [engl.] Ein kurzer, hoher Schlag zum Grün, bei dem der Ball nach dem Auftreffen liegen bleibt

Pitching-Grün: Übungsgrün, an dem das →Pitchen und Bunkerschläge geübt werden können

Pitchmarke: Kleine Vertiefung, die der Ball hinterläßt, wenn er bei einem hohen Schlag auf das Grün auftrifft, und die mit einem speziellen Werkzeug (→Pitchmarkgabel) oder einem Tee ausgebessert werden muß

Pichtmarkgabel: Kleine „Gabel" aus Metall oder Kunststoff, mit der man →Pitchmarken besonders leicht entfernen kann (siehe auch Seite 51)

Platzregeln: (engl.: local rules) Sonderregeln, die in Übereinstimmung mit den Grundsatzbestimmungen der Golfregeln aufgrund besonderer Umstände von einem Club zeitweilig oder dauernd erlassen werden. P. dürfen Strafen nach Golfregeln nicht außer Kraft setzen

Platzreife: Auch Platzfreigabe oder -erlaubnis genannt. Eine Art Führerscheinprüfung für Golf-Anfänger. Je nach Club muß man eine bestimmte Anzahl von Löchern (meist 9) in einer gewissen Schlagzahl und einer bestimmten Zeit absolvieren und dabei die Beherrschung der Etikette und die Grundkenntnisse der Regeln nachweisen. Die Platzreife, die es in dieser Form in England und Amerika nicht gibt, dient dazu, trotz verhältnismäßig hohem Spielbetrieb in deutschen Clubs einen geregelten Spielablauf zu gewährleisten

Platzrichter: Person, die von der Spielleitung bestimmt wird, Spieler zu begleiten, um auf die Einhaltung der Golfregeln zu achten und Tatfragen zu entscheiden. Der P. muß bei jedem ihm gemeldeten oder von ihm selbst beobachteten Regelverstoß einschreiten

Playing-Pro: Professional, der versucht, von Preisgeldern zu leben (→Head-Pro/ →Pro/→Teaching-Pro)

Pro: Abkürzung für Professional (Golflehrer, Berufsspieler) (→Head-Pro/→Playing-Pro/→Teaching-Pro)

Pro-Shop: In fast jedem Clubhaus findet sich ein Laden, in dem man alle nötigen Ausrüstungsgegenstände und Bekleidung kaufen kann. Hier erhält man die beste Beratung, insbesondere beim Schlägerkauf, da Ihr Golflehrer am besten beurteilen kann, welche Ausrüstung für Sie geeignet ist

Putting-Grün: Übungsgrün, auf dem das Putten trainiert werden kann. In manchen Clubs ist es auch gestattet, →Chips auf das P. zu spielen

Puttlinie: Beabsichtigte Linie, welche der Ball nach einem Schlag auf dem →Grün nehmen sollte. Es wird ein angemessener Abstand beiderseits der P. hinzugerechnet. Sie erstreckt sich nicht über das Loch hinaus und darf grundsätzlich nicht berührt werden

Rangefee: [engl.] Gebühr, die man als Gast in einem Golfclub für die Benutzung der Übungsanlagen entrichten muß. Die Driving-Range-Bälle müssen meist zusätzlich bezahlt werden (→Driving Range). Das Rangefee ist im →Greenfee enthalten

Rough: [engl.] Gras um die Fairways, das weniger kurz geschnitten wird. Man unterscheidet das Semi-Rough (schmaler Streifen direkt neben den Fairways) und das Hard-Rough

Royal and Ancient Golf Club of St. Andrews (R&A): Zweitältester Golfclub, wurde 1754 in St. Andrews (Schottland) gegründet. Der R&A ist die weltweite Autorität in Regelfragen. Er überarbeitet und ändert, wenn nötig, alle 4 Jahre mit der United States Golfers Association (USGA) die Regeln

Score: [engl.] Zählergebnis, Anzahl der Schläge

Score-Karte: In die S. werden die Ergebnisse der einzelnen Löcher eingetragen. Die S. wird immer von einem Mitspieler, dem Zähler, geführt. Der Spieler selbst ist dann wiederum Zähler für einen anderen Mitspieler

Scratch Player: [engl.] Spieler mit einer →Vorgabe von Null

Schlägersatz: Nach internationalen Golfregeln ist eine Höchstzahl von 14 Schlägern erlaubt. Meist besteht ein Satz aus 4 Hölzern, Eisen 3-9, Pitching Wedge, Sand Wedge und Putter

Spielbahn: Gesamte zu spielende Strecke vom →Abschlag bis zum →Loch

Standard: Die Runde, die ein →Scratch Player bei offiziellen Bedingungen spielen soll. Die Grundlage ergibt sich aus der Platzlänge. Der S. wird vom zuständigen Verband festgesetzt. Die meisten S. liegen bei 68-74 Schlägen

Teaching-Pro: Professional, der seinen Unterhalt mit Golfunterricht verdient (→Head-Pro/→Playing-Pro/→Pro)

Tee: [engl.] **1.** Die Abschlagstelle, von der der erste Schlag auf das Loch ausgeführt wird.
2. Stift aus Kunststoff oder Holz. Dient zum Aufsetzen des Balles beim →Abschlag beziehungsweise als Ballmarker beim Aufnehmen des Balles

Vorgabe: →Handicap

Vorgabeklassen: Die →Handicaps werden in 5 Klassen eingeteilt: Klasse I: Vorgabe bis 5 Schläge; Klasse II: Vorgabe 6-12 Schläge; Klasse III: Vorgabe 13-20 Schläge; Klasse IV: Vorgabe 21-28 Schläge; Klasse V: Vorgabe 29-36 Schläge (→CONGU)

Vorgrün: Gelände, das an das →Grün grenzt. Das Gras ist kürzer als auf dem →Fairway, jedoch länger als auf dem Grün. Die Regeln „kennen" jedoch kein V.

Wasserhindernis: Ein W., das seitlich vom →Loch liegt, wird mit roten Pfählen, ein frontal liegendes mit gelben Pfählen markiert. Ein Ball kann aus dem W. direkt gespielt werden oder mit einem Strafschlag (wird zum →Score hinzuaddiert) vor beziehungsweise neben dem →Hindernis gedroppt werden

Yardage Book: [engl.] Notizbuch des →Caddies, in dem er Entfernungen und Besonderheiten des →Fairways, →Roughs oder →Grüns sowie die Schlagweiten seines Spielers notiert

Zählkarte: →Score-Karte

Ziellinie: Gedachte Linie zwischen Ball und Ziel. Stand des Spielers und Schlägerkopf werden nach ihr ausgerichtet

Register

Zum gleichen Thema sind im FALKEN Verlag bereits mehrere Bücher und Videos erschienen. Bitte fragen Sie Ihren Buchhändler.

Danksagung
Golfausstattung:
Bridgestone Sports Europe GmbH, Markt Schwaben; Mizuno Deutschland GmbH, München; Pro-Shop des Land- & Golfclubs Öschberghof, Donaueschingen; Rolco Sport Products BV, Tilburg/Niederlande
Fotoaufnahmen auf dem Golfplatz:
Land- & Golfclub Öschberghof, Donaueschingen

Kontaktadresse des Autors:
Golf mit System: Oliver Heuler, Lehenstraße 21, D-78166 Donaueschingen

Die Deutsche Bibliothek – CIP Einheitsaufnahme

Golf-Etikette / Oliver Heuler. – Niedernhausen/Ts.: FALKEN, 1995
   (FALKEN Golf-Praxis)
   ISBN 3-8068-4839-4
NE: Heuler, Oliver

ISBN 3 8068 4839 4

Umschlaggestaltung: BAYERL + OST GmbH, Frankfurt a.M.
Titelillustration: Alfred Schüßler, Frankfurt a.M.
Gestaltung und Herstellung: Petra Leupacher
Redaktion: Jürgen Knöppler
Fotos: HARDT Sportphoto Int., Hamburg: S. 1, S. 2, S. 4/5, S. 8/9, S. 13, S. 18/19, S. 23, S. 26, S. 29, S. 32/33, S. 44, S. 48, S. 55, S. 60/61, S. 62, S. 65, S. 66/67, S. 68, S. 72/73, S. 80/81, S. 91;
Atelier G & M Köhler, Leonberg: alle übrigen Fotos
Golfplätze: GC Paradise Palms Cairns, Australien (S. 1, S. 5, S. 66/67); Augusta National Golf Club, USA (S. 2, S. 44); The Belfry, England (S. 4, S. 8/9, S. 18/19); GC Worpswede e.V., Deutschland (S. 13); GC Endreol, Frankreich (S. 26); GC Cannes-Mandelien, Frankreich (S. 4, S. 30/31); Club de Golf Las Brisas, Spanien (S. 48); GC Sylt, Deutschland (S. 5, S. 60/61); GC Tulsa, USA (S. 62); GC New Seabury Cape Cod, USA (S. 68); PGA National GC, USA (S. 5, S. 72/73); GC Southhampton, Bermudas (S. 5, S. 80/81); GC Castle Harbour, Bermudas (S. 91)
Zeichnungen: CV & L/Kurt Dittrich/Mitarbeit A. Schickert, Wiesbaden

Satz: Falken-Verlag GmbH, Niedernhausen/Ts.
Druck: Ludwig Auer GmbH, Donauwörth

817 2635 4453 6271

Traumschlag

Mit dem ersten Schlag direkt einlochen:
ein Traumschlag, der nur dann gelingen kann,
wenn man die Grundlagen des Spiels beherrscht.
Dieses Buch zeigt alles Wesentliche über Schwung-
technik, das kurze Spiel, Spezialschläge, Ausrüstung,
Taktik und das richtige Training.

Golf für Einsteiger
Von O. Heuler – 160 Seiten,
gebunden, durchgehend vierfarbig;
ISBN: 3-8068-**4798**-3
DM 29,90; öS 220,–; sFr. 29.90

Der Spezialist für nützliche Bücher

Eins unter Par

Über die Hälfte der Schläge im Golf ist kürzer als
40 Meter. Die Beherrschung der kurzen Schläge
ist daher Voraussetzung für eine erfolgreiche
Runde. Dieses Buch vermittelt Golfern jeder Spielstärke auf verständliche Weise alle elementaren
Kenntnisse, auch über Bunker- und Spezialschläge aus schlechten Lagen.

Das kurze Spiel
Von O. Heuler – 128 Seiten,
gebunden, durchgehend vierfarbig;
ISBN: 3-8068-**4799**-1
DM 29,90; öS 220,–; sFr. 29.90

FALKEN Golf Praxis

Golf für Einsteiger
Von O. Heuler – VHS,
ca. 45 Min. Laufzeit, in Farbe
ISBN: 3-8068-**6209**-5
DM 49,95*; öS 399,–;* sFr. 49.90*

Der Schwung
Von O. Heuler – VHS,
ca. 45 Min. Laufzeit, in Farbe
ISBN: 3-8068-**6180**-3
DM 49,95*; öS 399,–;* sFr. 49.90*

Das kurze Spiel
Von O. Heuler – VHS,
ca. 45 Min. Laufzeit, in Farbe
ISBN: 3-8068-**6181**-1
DM 49,95*; öS 399,–;* sFr. 49.90*

Fehler und Korrekturen
Von O. Heuler – VHS,
ca. 45 Min. Laufzeit, in Farbe
ISBN: 3-8068-**6182**-X
DM 49,95*; öS 399,–;* sFr. 49.90*

Der Spezialist für nützliche Bücher und Videos